中国应用新闻传播十大创新案例（第二辑）

主　编／张志安　陶建杰

南方日报出版社
NANFANG DAILY PRESS
中国·广州

图书在版编目（CIP）数据

中国应用新闻传播十大创新案例. 第二辑 / 张志安，陶建杰主编. -- 广州：南方日报出版社，2019.10
ISBN 978-7-5491-2011-6

Ⅰ.①中… Ⅱ.①张… ②陶… Ⅲ.①新闻学—传播学—案例—中国 Ⅳ.①G219.2

中国版本图书馆 CIP 数据核字（2019）第 126453 号

ZHONGGUO YINGYONG XINWEN CHUANBO SHIDA CHUANGXIN ANLI(DI-ER JI)
中国应用新闻传播十大创新案例（第二辑）

主　　编：张志安　陶建杰
出版发行：南方日报出版社
地　　址：广州市广州大道中 289 号
出 版 人：周山丹
责任编辑：刘志一　郭海珊
装帧设计：邓晓童
责任技编：王　兰
责任校对：裴晓倩
经　　销：全国新华书店
印　　刷：广州市尚铭印刷有限公司
开　　本：787mm×1092mm　1/16
印　　张：11
字　　数：165 千字
版　　次：2019 年 10 月第 1 版
印　　次：2019 年 10 月第 1 次印刷
定　　价：38.00 元

投稿热线：（020）87360640　　读者热线：（020）87363865

代序 Preface

新新闻生态系统中的应用新闻传播创新

——在2018年中国应用新闻传播论坛上的讲话

网络化社会加速了新新闻生态系统的生成，媒体格局的变化会带来新的职业观念。比如，当有人问一位打算辞职的新闻记者，“你准备去做微信公众号吗”。也许，这个问题包含对你职业发展的关心，也可能包含调侃，其中隐含一种传统观念：只有做严肃的专业媒体或主流媒体，才能体现你做新闻工作的价值。

面对现实变化，这种观念其实有些落伍。你去做微信公众号，初期创业也许只有两三个人，还不一定赚钱，但是你写一篇文章，类似《流感下的北京中年》《疫苗之王》，也许带来数百万、上千万乃至上亿的流量，还促进了政府对某个问题的解决、公众对某个议题的关注。这篇文章的公共价值并不比你在专业媒体做的一百篇报道差，从对公共利益的推动和对社会服务的价值来看，这篇文章的意义或许更大。

不管你在哪儿，重要的不是你的位置，而是你的实践和作为，不要用一种固化的标准去判断媒体人做的东西是否专业，而要看你的内容是否真正有价值，对社会发展是否有助力。不管是以党报为代表的专业媒体、以政务微博和微信为代表的机构媒体，还是以互联网公司为代表的平台媒体或者数以千万计的自媒体，本质上，其核心功能都是传播公共信息、设置重要议题，通过公共传播来连接公众与社会，从而助力国家进步和社会发展。

中国新闻史学会应用新闻传播学研究委员会正是带着这样的价值观，继“2017中国应用新闻传播十大创新案例”后再度推选出2018年十大案例。新华社新媒体中心“现场云”、人民日报海外版“侠客岛”、上海广播电视台看看新闻Knews24、腾讯新闻Dreamwriter智能纠错技术、字节跳动“抖音”、第一财经DT财经、界面新闻“正午”、浙江长兴传媒集团、阿牛科技“华尔街见闻”、微信公众号“兽楼处”《疫苗之王》10个案例入选。获奖案例经专家提名和推荐评审评出，反映了国内媒体在媒介融合和技术创新中的最新探索，具有很强的代表性和引领性。

从这次获奖的榜单可以看出，我们试图坚持专业、开放和公共的价值标准。不管是在新华社、人民日报海外版，还是在一个公众号、一家县级传媒集团，他们都在通过公共传播实践来为受众、社会创造价值。价值有高低之分吗？标准有高低之分吗？我的回答：没有。

我们要在入选这个榜单的十大案例中看到这个榜单的力量和价值观，就是不用旧知识或旧标准去看新传播、新交往，而要从社会化、专业化协同的内容业态去看新闻实践的新格局，从内容、技术和平台交融的创新探索去看公共传播的新趋势。新闻学界和新闻业界每年有很多颁奖论坛或高峰会议，但其实很少有机会让我们走近一线媒体的“前台”和“后台”。通过这次获奖的十大案例，我们可以观察中国应用新闻传播领域的新特点和新新闻生态系统的新变化。

应用新闻传播领域创新的主要特点

这十大案例体现了2018年度应用新闻传播领域创新的特点，主要包括五个方面：

第一，移动化。移动化的特点，就是即时传播、随时随地传播。新华社新媒体中心“现场云”主打移动传播，而且具有开放性，给各地政府和媒体直播提供平台。大家要进新华社的平台做直播，肯定不仅是因为用户和流量，而是看重新华社这个国家通讯社的政治资本或象征资本，通过这个平台做直播，是一种比较安全、权威的表达。

还有上海广播电视台的看看新闻Knews24，把电视、客户端、网站等各个端口整合起来进行视频直播。它的实践启发我们，尽管新闻改写、策展新闻等变得越来越流行，但当重大新闻发生时，依然要有人奔赴现场，在现场报道和直播。“兽楼处”发表《疫苗之王》的生产模式跟Knews24这样组织化、集团军式的运作有所不同，但它们在功能和价值上没有高低区分，集团军式的直播和规模化生产有价值，轻骑兵式的报道和小而美的文章也有价值。

“华尔街见闻”能在竞争激烈的财经媒体市场中另辟蹊径，是因为其创始人发现，全球财经资讯的移动传播在中国没有做到极致。尽管不少财经媒体除深度报道也做动态新闻，但并没有把全球财经快讯作为核心产品去做，尤其没有面向移动端用户去做传播。“华尔街见闻”的探索说明，移动化传播正成为新闻传播业的主流趋势。

第二，视觉化。无论新浪“秒拍”，还是快手、抖音、梨视频，都把短视频的制作门槛降到很低，于是过去由电视台记者掌握的相对专业化的视频节目生产变成大众可参与的社会化视频内容生产。今日头条旗下“抖音”的快速崛起，说明了年轻一代用户对视觉化、娱乐化、社交化内容的高度青睐。视觉化内容的生产、消费和传播正在加速视觉社会的来临，我们既可以从自我展示和暴露需求、碎片化时段的视频娱乐需求、结构性的情感和共鸣需求、流动社会语境下的连接需求去把握短视频行业兴起的社会动因，也可以进一步从流行文化、视觉社交、流动社会等维度去解读短视频行业的发展趋势。

第三，产品化。主流媒体加快深度融合，内容如果不做成产品，或者不体现产品思维，是很难抓住用户特征和满足用户需求的。比如，“侠客岛”非常知道用户的需求痛点和情感痛点，善于抓住热点、捕捉和判断网民的结构性情绪，快速写出爆款文章，既抓住重大事件的核心信息，又表达出理性积极的价值立场。这个依托微信公众号成长起来的时政评论栏目，在当下网络舆论场格局中扮演着很难被替代的角色。而且，他们的运作团队规模非常小，跟动辄三五百人的媒体机构无法相比，千万不要以为300人的力量一定比三个人或者十个人要强，今天的新新闻生态系统的一个重要特征就是“流动”，曾经主流的也许会边缘，曾经边缘的也许会主流。还有浙江长兴传媒集团，他们扎根基层、敢想敢干，以高度融合化的生产流程、极强的业务运营能力和产品化的内容创新思维，打造出全国县级媒体融合的标杆。

第四，智能化。腾讯新闻的Dreamwriter其实是一套关于媒体内容生产的解决方案，既有依托图片、视频等素材库的快速剪辑工具，又有智能纠错技术在新闻内容把关中的应用，还有财经、体育等垂直行业以秒为速度的机器人写作，这些智能技术在新闻生产中的普遍运用会让整个新闻产品的生成和分发变得非常高效。从目前的实践看，互联网企业更愿意花钱也拥有更多技术条件去进行创新；相对而言，传统媒体缺乏技术人才，也比较缺乏鼓励技术创新的组织文化。另外，“抖音”也是一个高度智能化的应用平台，其流行的背后是今日头条智能化推荐算法的技术支撑，也离不开基于手机的人机交互技术研发，还实现了中国互联网企业成功“出海”、由发展中国家向发达国家的逆向输出。

第五，社会化。社会化生产的能量正在逐渐释放出来，从“芥末堆”对大学生李文星传销之死的报道，到“兽楼处”撰写的《疫苗之王》，一个个体、一个机构或者一个作品的力量，在特定议题、事件和情境中可能会产生“蚍蜉撼大树”“四两拨千斤”的传播效果。内容的生产和分发是分离的，你抛出一篇文章，如果叙事风格契合移动阅读的用户习惯、价值立场，暗合庞大群体的结构情绪，传播过程中激发广大网民的社交传播动力，就可能变成现象级爆款。早前刷屏的《流感下的北京中年》就是这样，文章作者并非职业写手，他的公众号也乏人关注，可这些并不重要。他记录岳父感染不明病毒、在多家医院转诊后去世的全过程，触动了大量城市中产家庭的不安全感。作者“兽爷”的《疫苗之王》，据说当天阅读量就有七八百万，次日引发上亿的关注流量。这说明社会化的内容生产只要能抓住社会的痛点、触及公共的利益，又具有可读性强的文本，网民就可能把它推成热文。今天社会化传播的链条靠大家共同完成，而传播动因则始终是社会需要。

新新闻生态系统的三个变化

通过中国应用新闻传播十大创新案例，我们可以感受到新新闻生态系统正在发生的三个重要变化，也可以说是三对需要处理的内在关系。

一是中心和边缘在流动。曾经占据中心位置的媒体现在可能有边缘化的风险，曾经处于边缘位置的媒体也可能成为中心，媒体格局和权力结构中的中心和边缘是流动的。这恰恰是现代社会“液态新闻业”的典型特征，位置和节点永远在流动，不再有固定位置或固定节点，今天更需要重视的是在特定情境中媒体的作为和表现。《疫苗之王》的团队负责人表示对这篇文章产生的巨大影响感到“有点意外”，这种意外很正常，今后越来越多爆款可能是意外产物，不过深究“意料之外”也有“意料之中”的原因，比如对用户体验的重视、对公众情感的处理、对移动传播规律的把握。

“应用新闻传播十大创新案例”的榜单每年都在变，今年上榜，明年或许没有，这就可能真实记录传播业态此消彼长的变化。我们不要再用一种固化的思维方式去想象传媒格局，看到媒体业中心和边缘位置的流动可以促使我们保持不确定性的社会心态和永远拥抱变化的开放思维。

二是平台和媒体在渗透。越来越多成长起来的中小型垂直机构媒体，如“侠客岛”“兽楼处”都离不开微博、微信、抖音等超级互联网平台媒体，这些拥有海量用户的社交平台、资讯平台，依托特定的应用工具、技术和场景，连接数亿用户的网络生活。

笔者曾经用“平台媒体化”和“媒体平台化”来概括专业媒体和平台媒体的发展态势。好的平台，有技术、有用户，一定会有信息交互和内容生产，一旦有内容就会媒体化，然后就会面临内容把关的社会责任压力。同时，专业媒体也意识到平台化的重要性，不能完全将内容分发都寄托在平台媒体身上，而要逐步打造自己的内容平台。人民日报社的“人民号”和浙江新闻、澎湃新闻、南方+、触电新闻、封面新闻等客户端都在积极布局，也在推进与互联网平台媒体之间的技术合作和资本合作。

三是技术和人文要平衡。界面新闻的“正午”作为非虚构写作平台，推出大量温暖人、感动人、鼓励人的优质作品。不管是典型人物、精英人物还是小人物，如果没有人文精神的支撑、人文价值的审视、人文力量的注入，那么非虚构写作是很难走远的。非虚构写作的作品之所以打动人，表面上看是因为故事讲得成功，其实是因为故事背后的精神，比如对人性的彰显、对底层的关心、对弱者的关怀，这些精神要素能够打动读者内心最柔软之处。技术实践的发展和创新需要人文价值的引领，技术和人文只有保持平衡、相互助力，才能促进媒体格局和新闻业态的积极发展。

公共传播时代的三种核心能力

今天，我们已经进入公共传播的时代，专业媒体的垄断优势正在被打破，新闻精英的职业权威面临着挑战。专业化的新闻工作者和社会化的内容生产者，需要怎样顺应技术变革的潮流、坚守专业价值和核心能力？中国应用新闻传播十大创新案例可以带来的启示是，有三种能力在公共传播时代会越来越重要。

其一，融合生产能力。用户需要的内容不仅是严肃的知识和信息，也包括消费、娱乐、服务和体验。在生产内容的过程中，必须有用户思维，把握内容形态与用户需求之间的关系，想方设法实现内容的创新表达。比如，“华尔街见闻”介绍的文本写作的四个要素：发生了什么、意味着什么、原因是什么、下一步要怎么做。管中窥豹，财经新闻资讯的移动传播正在不断强化对用户的价值满足。所以，融合生产能力不仅是内容的图文、音频、视频、动画等融合形态表达，更是对传播对象和用户需求的精准把握。

其二，社会连接能力。生产和传播一个作品，就想方设法建立这个作品与社会公共利益之间最大限度的结合，这种社会连接的思维和能力其实是对重要性的把握能力，是追求卓越的传播素养的具体体现。《疫苗之王》一文的不少事实，此前有专业财经媒体报道过，却没有产生现象级的传播效果，这点就特别耐人寻味：为什么你写的报道不见声响，是标题不够吸引人还是叙事方式太陈旧，是传播时机没好好把握还是分发平台不够主流……社会连接意识是对新闻价值的敏锐判断，是对新闻框架的持续创新、对传播效果的合理期待，也是议程设置的成功实现和对公共利益的宏观把握。

其三，公共服务能力。面对不断变化的现实、不断涌现的议题、不断迭代的技术，公共传播的核心价值仍然是公共服务的能力和不变的专业精神。如果没有思想支撑的稳定价值观，观察复杂中国的各种现象就可能价值游移；如果没有对公共利益的持续追求，进行新闻报道或公共传播就会失去正向价值。专业化的内容生产或社会化的公共表达，支撑的都是价值、思想和公共服务的情怀。

面对公共传播的业态变化，想要不断强化上述三种能力，所有正在参与或即将投身公共传播业的行动者应注意以下三点：首先，要保持文化更新，对新新闻生态系统中的媒体融合和业态变化保持跟踪洞察，对技术变革催生的新闻文化保持敏锐自觉。其次，要敢于行动，在持续的实践和探索中提升专业素养。再次，还要保持反思。只有不断反思，才能保持好奇心，保持谦逊态度，保持自我更新的动力。

（作者张志安，中山大学传播与设计学院院长、教授）

目录 CONTENTS

CONTENTS 目录

01

腾讯Dreamwriter

Dreamwriter是由腾讯出品的一款专门用来书写新闻报道的自动写稿机器人。最初的Dreamwriter是通过抓取数据碎片，然后模板组装，实现写稿功能。经过三年多的发展，现在的Dreamwriter已经可以通过自动学习，自己生成模板，而且应用领域也从最初的财经和体育新闻，拓展到了电影、汽车、电竞以及社会新闻等多个领域。Dreamwriter拥有自动纠错系统，其运营逻辑，首先是搜集海量素材对比正误，再对照中文类所有字典及专业词汇，再加上长期的运营反馈来做纠正。

主题演讲

算法技术与机器写作如何助力媒体行业提高生产和运营效率

今天主要讲的是我们腾讯新闻的算法——纠错技术和机器写作技术。讲纠错技术，因为其实这个的技术含量还是很高的，我在这方面投入的人力大概是写作的10倍以上，这是一个难度、门槛较高的技术。下面我把纠错技术的原理跟它涉及的算法技术给大家介绍一下。

腾讯新闻每天有海量的新闻，它是一个大型新闻平台，每天刊发全国各地新闻几十万篇，在分发过程中发现有时网友会在新闻下面评论“这个小编又犯错了，又有错别字了”，因为稿件里面有大量自媒体的作品，其中一些质量不太高的文章里面错别字较多，运营压力也非常大，为了解决内部的文本质量问题，我们就专门开发了Dreamwriter这个算法自动纠错系统。

Dreamwriter自动纠错系统

简单来说，它首先要搜集海量素材以对比正误，对照中文类所有字典及专业词汇，再加上长期的运营反馈来做纠正，这就是Dreamwriter一整套的运营逻辑。

在说纠错技术之前，我想说一个大家经常开的玩笑，“有多少人工就有多少智能”。我觉得这句话对，也不对，为什么呢？因为这不是说人在幕后假装机器做什么事情，而是说在智能技术运用的过程中需要很多人的参与，比如我们要不停地纠正某些算法、从运营团队里面挑出一些正确或错误的案例进行反馈，这需要长期积累素材。

其实，十年前Word文档里就有这种拼写纠错功能，但拼写纠错和中文纠错差的不是一星半点，拼写纠错只在于个体字形的正误，但是中文错误就涉及很多类，比如搭配、语境，甚至通假字，我们都需要进行长时间的研究。

这是英文和中文的一个很大区别，中文确实是千变万化的，我们说到的一种配词里面，最难的一种就是现代社会大家还在争论不休的一些普遍认可的案例，到现在我们都无法得出一个统一的结论。还有一些故意写错的网络流行词，我们也要更多人来认同以前叫“通假”现在大家都能接受的一个说法。

原理上，纠错系统涉及很多细节和算法模型。它是一个多模型的决策系统，根据不同维度来判断，比如上下文的联系、词语搭配。在6个月时间里，它录入了所有中文的字典、词典，所有正规出版社的典籍、文本，相当于它已经把所有中文的词库积累完了。但这还不够，新闻报道是人文类的表达，有一些修辞手法，比如一些隐喻，字典上是学不到的，新媒体还在不断发明一些新词。怎么判断对错呢？我们要不停地收集新的实例，机器自己会总结，人为什么觉得这个是正确的，它会自动找这里面的规律，它是基于深度学习算法的东西，要在不同语境、不同情况下判断这个实例的正误。

为什么花了6个月这么长的时间来开发这个纠错系统呢？最早的纠错，人们在Word文档中输入一段英文，假如有误则下面会有波浪线，大多是拼写的不合法；中文就复杂多了，像类比、比喻、拟人等修辞手法，很难适用一个规则或者几个规则，我们让机器检索了所有案例，中文的典籍、修辞手法都检索了一遍。另外，腾讯新闻每天大概会有3000万件稿件进Dreamwriter的平台，系统从这3000万件稿件里面找一些漏洞，还会抓取企鹅号、微信公众号上面的文章，只要编辑修改过错别字，都会自动反馈给Dreamwriter，我们用半年时间不停地调试算法以提高准确率。

这个技术需要很长时间的积累，这个准确率现在已经跟一般专业人士差不多，有可能还会高一些，但和资深的编辑们相比，机器还会差一些，不过只要保证迭代速度、学习速度，终有一天可以达到理想的准确率。

流程方面，首先它要在任务池也即备选的稿件池筛选一遍，这时会通过一个算法过滤，将错误显示出来，当然这个错误取决于算法的一个规则和级别。什么意思呢？对于一些错误，机器能判断它一定是错的，就把它标红，给它正确的建议字，然后自动修改；对于另一些错误，机器不能完全确认是错的就会标黄，提醒相关运营团队进一步确认。

通过这样的过滤手段，我们的新闻平台最大限度地减少错别字的出现。另外，即便算法也在演进，错别字也在演进，很多新词语也在涌现，我们也在一直收集，当然，我们也在慢慢地把精确度提高，这个数据也在不断增长。

还有一个更难的地方就是搭配问题，要根据上下文的语境判断。我觉得，深度学习的算法固然重要，但是离不开各种案例的收集。我们平时写作的习惯以及编辑的认知和知识结构的差异，都会对最终判断有一定影响。当然，我们可以调整这一部分的权重，根据以算法还是人工判定为主的一个最终结论的权重，我们会调整出一个相对合理的比例，不断提升这个算法的公平度和准确度。

我们在新闻后台做过一个测算，有两个维度，一个是准确率，另一个是召回率。如果提高准确率，召回率就会低一点；如果准确率太低，召回率就高。

自动视频技术

除了纠错技术，跟大家简单介绍一下其他技术，其中包括自动视频技术，我先放一段。这是一个全自动视频，大家可能会觉得比较神奇，但是从技术上讲并不复杂。分几步来做，我们会把一些文章里面有报道的文本拿出来，如果有原件配图的话，我们会选取3—5张比较符合这篇文章主旨的图，然后从算法的系统库里面再给它配3—5张，争取有5—8张图片以提高画面丰富度。这不是最难的，像这种渲染的过度和画面的切换不是难点，最难的在于音画同步，这里面所有文本需要用到我们的分词算法，所有图和文字表述是要一一搭配的，这一点非常困难，但是它出来的效果比较好，这就是自动视频。

图像处理技术

这是一些图像处理技术，比如有很多文章有很多图，做移动端的同行有一些了解，我们需要从这些图里面选一张做封面图。最适合的封面图不一定是最好用的，我们的解决办法是，首先通过算法，从里面选出一张最符合主旨的图，再用算法根据人脸部位裁出一张符合使用要求的封面图。

和自动视频一样的配图技术，是在碰到一些没有图的文章时，用算法从图片库里面抽取相匹配标签图片插入文本，让新闻报道图文并茂，这也是传播效率非常高的一个途径。因为纯文字的传播效率较图文并茂的传播效率低很多。

摘要技术

我们现在已基本上能把一篇文章切分开，通过一些连贯词来连接，描述一段概要。当然，这个摘要取决于我们设定的阈值，我们有80字、100字、200字，也有300字、500字，甚至一两千字。越短越难，我们一般选取200字左右的摘要，最难的是80字的摘要，这个非常考验技术对文本的理解，也是我们在努力提高它准确率的一个方向。腾讯新闻的早晚报很多是通过机器做的，用的就是自动摘要技术。我们系统有一个库，系统筛出50篇稿子，编辑只选择打钩，勾取10条，点“确认”之后，机器会自己配标题、摘要，配上链接，花的时间大概是秒级的。

内容梳理技术

另外一个新技术叫内容梳理技术，我们编辑称它为“自动筛稿”，这个名字比较通俗，它是我们编辑最喜欢的技术，对日常工作帮助很大。我们知道，很多新闻编辑上班第一件事是遍览所有媒体的当天新闻，需要一个个看，《人民日报》看一下，各大媒体头版头条看一下……现在我们通过内容梳理技术建了一个数据库，会根据权重、趋势进行判断，根据热点进行分析。把内容池准备好，这样编辑部做选题就很方便了。

自动专题技术

还有一个受欢迎的功能是自动专题技术。某个事件发生后，跟这个相关的优先级比较高的稿子会被全部纳入专题，好处是实时更新，编辑不需要自己手动更新。比如突发的交通事故，最新进展、死伤情况，会自动被抓取并纳入这个专题，而且优先抓的是权重比较大的信源，比如新华社、人民日报。

热点判断技术

机器判断热点是很难的，之前我们只罗列最近有哪些事情，这个可能不够，而是需要做一个趋势和热度的判断：要精确到某一个事情在未来4—8小时内上升到前五位还是前三位。当然，这取决于算法模型，不能百分百准确，但是可以估算某一个事情4小时之内上到热搜第一名的概率是80%还是50%，这样我们可以有所准备。

机器写作技术

关于机器写作，拿金融领域来举例子吧。其实金融领域机器写作和体育领域写作整体算法是一样的，只是模型不同。尤其对于数据部分，在技术算法这一层面来看，财经报道和体育报道是一样的。因为它的数据库一样标准，一样科技度很细，我们从后台的数据库用算法还原、描述出来，加入一些过渡词，再加上一些定性、定量的判断就可以了。我们甚至做过一部分可视化的工作，比如实时报表的图像化。

现在除了财报，机器人写作方面，腾讯攻坚的是公告，之前只做A股，A股相对于其他来说比较规范、严谨，出错率比较低，我们最近把港股、美股也做了。为什么机器做这个事情比较有价值？因为股票太多了，好几千只股票我们根本盯不过来，覆盖一两百家上市公司已经非常了不起，但对于投资者来说，只有我买的才是重要的。这个时候需要机器批量处理这些事。

我们也写过交通实时路况、地震信息等，相对比较简单。比较难的是创作类的，里面分两个。一个是写诗，写诗这种东西对于机器来说很容易，写的对联非常工整，它可以写10万首不重样，也可以把你名字串起来做藏头诗，但好不好很难判断。另一个是做策划，比如开一个选题会，大家会说出出主意或者找找灵感，那么机器是不是可以提供一些素材供大家选择？这是我们接下来要做的事。

到现在为止，Dreamwriter每年写50万篇稿子，共8000万字。最近一个月的日均产量仅财经体育类就有两三千篇，其他比较多的题材是天气、气候、交通情况的快讯，每天都有两三千篇，还有房产，车展，4S店的保养数据、优惠信息等。

从理论上来讲，机器写作的产量不是问题，但我们强调Dreamwriter要做算法辅助运营，希望生产出来的东西用得好、用得称心，能解决大家的压力，就像给每个人都配了一个助手，这个助手能准确高效地为人类提供帮助。我们需要做的事情是让算法技术服务好人，服务好新闻工作者，让媒体从业者过得更轻松，作品更优秀，在行业内更有把控力和推进力。我们也希望把这些技术做得越来越成熟，未来我们能够更多地开放给媒体同行来用。

（演讲者刘康，腾讯新闻AI业务总监、Dreamwriter项目负责人）

案例分析

人工智能，助力媒体生产和运营

2015年9月10日，一条新闻《8月CPI同比上涨2.0%　创12个月新高》在腾讯财经上发布。看上去，这条新闻的内容和媒体记者日常的消息稿无异，引用了统计局的数据，还加入了国家统计局城市司高级统计师余秋梅以及银河证券分析师对数据的分析和预测，但它的作者其实是腾讯开发的写稿机器人Dreamwriter。

截至目前，Dreamwriter每年大约写50万篇稿子，总计8000万字。最近一个月的日均产量仅财经体育类就有两三千篇，其他比较多的是天气、交通情况快讯，每天也有两三千篇，另外还有房产，车展，4S店的保养数据、优惠信息等。

除了大家比较熟悉的写稿机器人，我们用得最多的还是花了6个月时间开发的人工智能自动纠错系统，目前这个平台已经对外开放。

在这个平台上，把文章粘贴进去之后，系统会把可能有错误的内容直接提取出来。红色显示是机器认为一定是错的，黄色显示的则说明机器不是很有把握，会提供一个备选方案，由人来确定最后的答案。

纠错系统是一个多模型的决策系统，根据不同维度来判断，比如上下文的联系、词语搭配等。在6个月时间里，它跑了所有中文字典、词典，以及所有正规出版社的典籍、文本，相当于已经把所有中文词库积累完了。但这还不够，腾讯新闻每天大概有3000万篇稿件进入Dreamwriter平台，系统还会抓取企鹅号、微信公众号上面的文章，只要编辑修改过错别字，就都会自动反馈给Dreamwriter。新闻报道是人文类的表达，有一些修辞手法，比如隐喻，字典上是学不到的，新媒体还在不断发明一些新词。怎么判断对错呢？我们要不停地收集新的案例。这期间，机器自己会总结，人为什么觉得这个是正确的，它会自动找这里面的规律，在不同语境、不同情况下判断这个语句到底是正确还是错误的。我们用半年时间不停调试算法，才能使它勉强达到90%的准确率，这个准确率现在是非专业人士水平，但和资深编辑相比，机器还差一些，还需要保证迭代速度、学习速度，以达到理想的准确率。

Dreamwriter还有一个自动摘要技术，就是做导读、主题的提炼。一篇2000字的文章，我们提供几个不同长度的摘要，比如80字、200字、300字等，越短越难，现在做得比较好的是220—300字的摘要，但是对于机器来说要从一篇一两千字的文章提炼出80字的摘要，还是非常有难度的。

训练机器和纠错差不多，就是把腾讯新闻的文章找出来，机器写一个摘要，编辑二选一：如果直接选用机器的这个，说明机器这个是可以的；如果编辑自己重写一个，机器会对比一下差异在哪里，把所有案例都收集起来做对比分析。目前腾讯新闻早晚报很多是通过机器做的。我们系统有一个库，系统筛出50篇稿子，编辑在其中勾取10条，点一下"确认"之后，机器会自己配标题、摘要，配上链接，花的时间大概是秒级的。

另外介绍一个新技术，叫内容梳理技术，我们称它为"自动筛稿"，对日常工作帮助很大。我们知道，很多新闻编辑上班第一件事是浏览当天所有媒体的新闻。现在我们通过内容梳理技术，建了一个数据库，会根据权重、趋势进行判断和根据热点进行分析。把内容池准备好，编辑部再做选题就很方便了。

还有一个受欢迎的功能是自动专题。某个事件发生后，跟这个事件相关的优先级比较高的稿子会被全部纳入专题，实时更新。比如突发交通事故，其最新进展怎样、死伤多少人，机器会自动纳入专题，不像以前要人工加进去再发出来，现在机器可以自己抓取，而且优先抓的是权重比较大的信源，比如新华社、《人民日报》。

机器判断热点是很难的，之前我们只罗列最近有哪些热点事件，现在则要做一个趋势和热度的判断：精确到某一个事件在未来4—8小时内上升到前五位还是前三位。当然，这取决于算法模型，不能百分百准确，但是可以有个估算，这样我们可以有所准备。

Dreamwriter还有个应用就是自动视频。机器只需要1分钟就能够全部完成40—50秒的短视频，特效不是重点，重要的是分词算法，视频中说到什么，下面的文字要跟上，这是最难的。另外就是TTS（语音合成），就是用机器人的声音代替人工配音，用在临时紧急的报道或者批量内容生产上。

另外还有自动图像处理技术，其中一个是自动配图。比如文章有3张图，需要挑1张图做封面，以前是人选的，现在机器可以全部生成好，放旁边。还有就是图片裁剪，以前编辑要把它放到PS软件去裁剪，再另存为，然后放到文章页，现在机器直接做好。给文章配图也是靠算法，比如股市涨跌用什么图片，喜悦、孤独的情感用什么图；等等。

现在机器人写作方面比较难的是创作类，比如写诗、写对联，机器人写的对联可能非常工整，可以写10万首不重样，也可以把你的名字串起来做藏头诗，但很难判断好不好。再如做策划，开一个选题会，大家出主意，找灵感，那么机器是不是可以提供一些素材供大家选择、判断？这是我们后面要做的事。

从理论上来讲，机器写作的产量不是问题，但其实意义不大。因此，我们强调Dreamwriter是要做算法辅助运营，希望生产出来的东西能准确、高效地为人类提供帮助，让算法技术服务媒体工作。

（作者刘康，腾讯新闻AI业务总监、Dreamwriter项目负责人）

“专家点评

腾讯Dreamwriter的前世与未来

Dreamwriter是由腾讯出品的一款专门用来自动书写新闻报道的写稿机器人。2015年9月，腾讯财经发表的一篇报道《8月CPI同比上涨2.0% 创12个月新高》署名为“机器人Dreamwriter”引起了社会各界关注，并由此拉开国内新闻界机器人新闻写作的序幕。当年11月，新华社也宣布使用“快笔小新”写作机器人来撰写部分财经类和体育类的新闻。

最初的Dreamwriter实现写稿功能是通过抓取数据碎片以及模板组装。经过三年多的发展，现在的Dreamwriter已经可以通过自动学习来自己生成模板，而且应用领域也从最初的财经和体育新闻，拓展到了电影、汽车、电竞以及社会新闻等多个领域。

机器人写作可以做到瞬间反应，在短时间内处理数据，完成新闻的发布。机器人的数据处理能力明显强于人类，在人人都用数据说话的时代，机器人写作是大势所趋。随着技术的发展，人类在报道新闻时的语调和措辞也可以通过编程代码输入程序，在语法分析技术下，有针对性地选择个性化语句进行新闻撰写，输出不同风格的新闻以满足不同受众的需求。

但机器人写作的应用领域目前仍有局限，数据整合和主旨提炼的能力远不如人类。数据库的数据有限也是其发展的制约因素。机器人必须连接到相应的数据库才能进行处理和写作，各个数据库之间的壁垒也是机器人暂时无法突破的障碍，此时仍需要记者进行数据的整合。

在人工智能飞速发展的今天，必定还会推出更多自动写作工具来替代人力，但人类稿件中特有的情感以及对于新闻的深刻剖析则是无法被取代的。对于记者来说，则要转变文风，尽力避免“机械化”写作，扬深度报道之长，避“公式化”新闻之短。与其担心会被机器人抢饭碗，倒不如完善自身，与机器人合作，共同促进新闻行业的发展。腾讯Dreamwriter项目负责人刘康认为，写稿机器人不会抢走记者的饭碗，希望Dreamwriter能够解放记者，让记者从事更具挑战和智慧的工作。

未来记者的主要工作不再体现为信息的提供，而是信息的挖掘。记者将从烦琐的信息链中解脱出来，专注于向受众解释信息、提供深度内容。未来的发展趋势应该是机器人与记者协同合作。

（作者董广安，郑州大学传媒发展研究中心主任、中原工学院新闻与传播学院院长）

02 抖音

抖音于2016年9月上线，是一个专注于年轻人音乐短视频的社区平台。用户可以通过这款软件拍摄短视频，选择背景歌曲，形成自己的作品，并上传到平台上。抖音之所以受众多人喜爱，是因为这是一个事关“美好感”的产品。它实现了全屏、音乐、滤镜和拍摄的体验突破。与AI Lab（人工智能实验室）的合作，也有助于把人脸识别、肢体识别和3D渲染等基于深度学习和图像识别的技术应用到全景贴纸、尬舞机、AR（增强现实）贴纸、3D染发等创意中。除了产品层面的体验，“美好感”还体现在社区氛围构建上。在平台上树立价值标准，构建判断体系，用户使用这个产品、身处社区中就能够感受社区的善意以及其所倡导的价值。

主题演讲

抖音是一个事关“美好感”的产品

最近，很多媒体朋友对抖音都非常关注，我们也看到很多关于抖音的文章，有谬赞也有误解，但确实能感受到大家对抖音的喜爱和关切。过去一年来，抖音确实取得了一些成绩，但还谈不上成功，我们觉得，之所以会有很多人喜爱抖音，可能是因为抖音是一个事关“美好感”的产品。

赶上短视频消费升级的浪潮

其实，抖音本质上是一款短视频消费升级的产品。而抖音之所以能够取得用户的认可，可能是因为时机到了，用户需要一款能够给他们“美好感”的产品。

最开始筹备抖音这个项目的时候，在确定方向之前，我们把国内外100多款短视频产品全部安装到手机上，团队所有人每天去体验和感受这些短视频产品。

各个产品都有各自的特点，但团队总结它们的一个共同缺点就是不够美好。“美好”是一个很虚的词，它不单纯是外在形态上的美，在我们的思考里能让人感到幸福的人和事都可以用“美好”来形容。

短视频包含的信息其实是非常丰富的，但是当时主流短视频产品对视频的表达还比较简单，缺少引导。其实，随着移动互联网快速普及，一二线城市里的年轻用户是消费升级的一群人，什么都不缺，眼界也非常广。他们知道什么是好，什么是不好，而且对好东西非常有要求。

如果我们的产品能够让用户体验到短视频的美好带来的惊喜感，应该有机会获得用户的认可。我们相信，人都有追求美的本能。

实现全屏、音乐、滤镜和拍摄的体验突破

当把国内外100多款短视频App下载体验时，我们发现可以在以下四方面有产品体验层面的突破：

第一，全屏高清的体验升级。这是用户第一次使用抖音时体验上的最大不同。一模一样的短视频放在不同尺寸去看，全屏效果是最好的，无论是视觉冲击力还是身临其境的感受，都令人耳目一新。

图2-1-1　早期抖音的界面

还有一个细节，手机原生相机拍出来的视频就是全屏的，既然我们做了一个手机端的短视频App产品，为什么不用最原生的状态呈现它呢？这才是最适合手机的表现形式。

但做高清短视频，公司要付出更多CDN（Content Delivery Network，即内容分发网络）成本。在今天看来，这些成本是值得的，这让年轻、挑剔的抖音用户在这款产品上找到好的体验。

第二，音乐营造的“美好感”。音乐对于这款产品来说，并非为了差异化，而是必备要素。对于短视频来说，音乐更像一个滤镜，帮助短视频呈现更强的表现效果。

其实，音乐本身就包含很多强表达因素，很多画面配上合适的音乐，自然而然让人产生一种“美好感”。我们发现，很多大城市的年轻人走在大街上都会戴着耳机，音乐陪伴他们生活，他们对音乐有追求，对生活也有追求。

用户对音乐的诉求、短视频题材与音乐的契合度，形成了抖音这款短视频产品中的必备要素。有好的背景音乐，才能激发用户更多的灵感。

第三，更精致的特效滤镜。和国外的用户不太一样，中国人还是很喜欢特效、滤镜。2016年的App Store排行榜前列中有非常多相机滤镜的拍摄工具。对于年轻用户来说，谁不喜欢漂亮的自己？我们当时对抖音的美颜、滤镜做了非常大的投入和优化，这也是抖音受用户欢迎的关键要素。

第四，更好的拍摄体验。虽然我们进入手机时代已经很久，但是我们发现，短视频软件对拍摄并没有进行足够的优化。

为此，我们做了很多优化。一个例子是抖音特别做了一个随手拍摄按钮。一个人在公共环境中拍抖音，由于要进行镜头切换，所以动作幅度巨大，但是呈现的视觉效果很好。拍摄时手指会按住屏幕，甚至会滑动。这是一个看起来很小的体验差异，我们也希望能够在产品上得到满足。

图2–1–2　抖音的拍摄按钮

我们专门推出了抖音的手机支架气囊，辅助拍摄。还制作了随手的拍摄按钮，无论手怎么动，拍摄按钮都会跟随你的手，这能大大降低用户在拍摄抖音时的不安全感。

技术是抖音受用户欢迎的后盾

（一）个性化推荐的后盾

短视频社交分享平台拥有一个慢生长的过程，我们内部称之为“双边”。必须有创作者不停地贡献内容以及消费者去浏览内容，这个双边的效能才会发挥起来。而抖音的个性化推荐，能够快速帮助用户找到自己喜爱的内容。

（二）将AI整合进产品创意

抖音的成功，很大程度上还要得益于今日头条内部的AI Lab。

与AI Lab的合作，让抖音把人脸识别、肢体识别和3D渲染这些基于深度学习和图像识别的技术应用到了全景贴纸、尬舞机、AR贴纸、3D染发等创意中。

抖音很多功能并非市面上独有的，比如染发。现有市面上的染发效果其实都不尽如人意，没有层次感，看起来不立体，甚至只有一个颜色，没有过渡色。

我们的技术可以做到3D渲染、人脸识别，就可以让整个效果更真实。这就是我们对一个功能的态度，可以比行业内其他产品做得更好，让用户的使用体验更有惊喜感，这才是产品功能创意的追求极致。

这些细节和创新帮助抖音在2017年年底荣登App Store第一位。

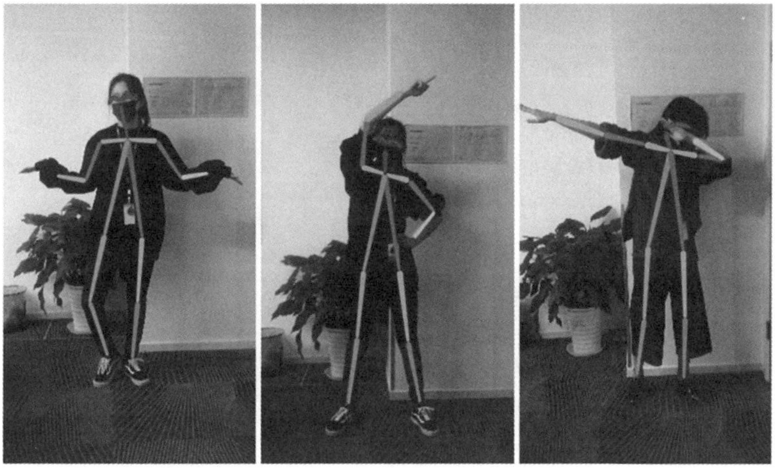

图2-1-3　尬舞机概念图

社区调性引导给出“方向感”

“美好感”除了产品层面的体验，更重要的是社区氛围的构建，在平台上树立起价值标准，构建判断体系，给用户关于美好的“方向感”。用户使用这个产品、身处社区中就能够感受到社区的善意及其所倡导的价值。

这部分主要依靠我们的运营和推荐同事来完成。抖音内部梳理了一套价值观体系，所有的运营和推荐都围绕这套价值观展开。

（一）运营把控内容方向

在运营上，抖音的产品设计中有个好玩的功能叫作“挑战”，我们通过设置挑战的方式来引导用户参与。比如，“谁说京剧不抖音”的挑战就是我们将传统文化与抖音风格相结合的产物，在站内传播效果非常好，用户参与程度很高。

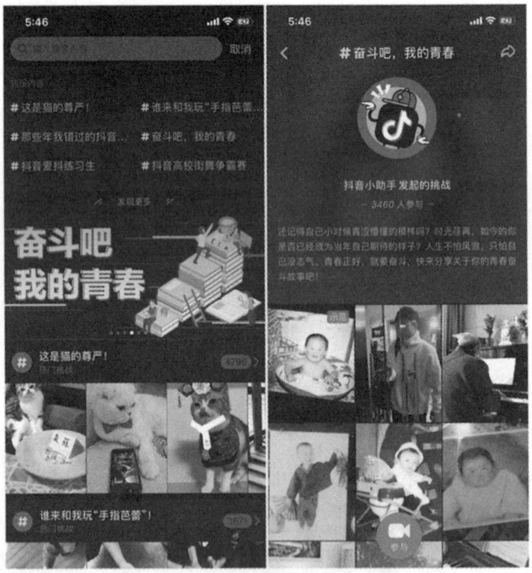

图2-1-4　抖音的挑战

我们会对优质的内容挂上精选的标签。站内的官方账号“抖音小助手”也会定期输出能让人有“美好感”的视频合集。

说是引导，其实站内氛围构建不是平台单向度灌输的结果，用户与产品的磨合是双边的。除了参与挑战，用户也可以自己发起挑战，通过创作内容的方式来表达自己对美好内容的认知。

（二）推荐系统获取用户关于“美好”的反馈

推荐系统也类似，基于我们的价值判断，经过审核团队筛选后的视频会进入推荐系统，用户则基于其价值判断，通过浏览、点赞、关注、转发、评论、举报等行为做出反馈，表达他们对于美好的预期，双方不断优化我们的审核和推荐系统。

这期间，抖音也发展出了很多针对自身特点的策略。比如，博眼球、吃播、虚假生活小窍门等经过我们与用户之间的磨合，确认其为非正向价值观的内容，都做了不推荐的处理。

除了产品机制，我们还保持与用户之间的直接沟通。抖音在早期会由官方举办小的Party、访谈，邀请用户到办公室。现在几乎每周都会有抖音的用户在全国各个城市发起聚会，我们会要求产品经理和运营的同事去现场与他们交流。除了产品技术上的细节，我们沟通的重点还是了解周期内用户对于抖音社区的感受。

所有运营和推荐，归根结底都是为了实现产品和用户之间关于“什么是好，什么是不好”的对齐。

抖音很简单，是一个事关“美好感”的产品

在过去一年里，抖音确实获得了不错的发展，广受用户、行业、媒体的关注。最近，有不少关于抖音的文章，朋友、同事都转发给了我，有表扬的，也有指出不足之处的。

比如，最近有一篇文章提到抖音上“水变油”的视频会对用户产生误导，我们让相关同事排查了一下这类视频和账号，发现播放量普遍非常少，点赞、评论、分享也非常少，还有一些甚至没能过审。但是我觉得，对产品团队来说，既然要让大家感受到美好，就应该对自己保持高要求，尽可能减少这类内容的出现，承担我们的社会责任。

希望用户的生活充满小美好，相信抖音这个产品会越来越美好。

（演讲者张楠，抖音总经理）

案例分析

主流媒体抖音号的实践与探索：2018年度报告

2018年，以抖音为代表的短视频平台成为继微博、微信后互联网的又一“明星产品”。截至2019年1月，抖音的国内日活跃用户已经突破2.5亿，月活跃用户突破了4.5亿。抖音不仅成为年轻人进行日常表达的重要平台，也预示乃至引领着中国互联网的视觉化传播趋势。面对抖音短视频如此迅猛的发展趋势、庞大的用户基数，从2017年3月开始，主流媒体纷纷入驻抖音平台。从数据上看，媒体抖音号开设时间短，涨粉快速，发展潜力巨大。抖音短视频发展对于媒体而言仍旧处于重要的机遇期，越来越多主流媒体开始加快短视频领域的布局和发展，如孵化短视频创业项目，成立短视频工作室，建设专门的短视频拍摄、剪辑和传播团队等，这些措施正在推动主流媒体视觉化传播变革，使其更快适应移动互联网传播规律。在这一形势下，为了提升媒体抖音号的内容价值和影响力，我们对主流媒体的抖音号进行了数据分析。

媒体抖音号的发展态势及排行

本文的研究样本为截至2018年12月22日境内主流媒体在抖音上开设的账户。我们共抓取了1344个媒体抖音号以及它们所推送的全部短视频，共计152,711条，并对其播放量、评论量、点赞量、分享量以及粉丝量等数据进行了采集。

表2-2-1 样本分布

		数量/个	百分比/%
行政级别	中央级	163	12.1
	省级	466	34.7
	地市级	521	38.8
	区县级	194	14.4
媒体类型	平面媒体	365	27.2
	电视媒体	586	43.6
	广播媒体	162	12.0
	网站/新媒体类	231	17.2
区域划分	中央媒体	164	12.2
	东北地区	82	6.1
	华北地区	136	10.1
	华东地区	384	28.6
	华中地区	181	13.4
	华南地区	103	7.7
	西南地区	187	13.9
	西北地区	107	8.0

为评估媒体抖音号的表现，我们建立了3个一级指标和8个二级指标。该指标权重确立的主要步骤如下：采用专家调查法对指标的重要程度进行调查。我们对业界和学界专家进行了访谈。根据专家访谈结果，我们采用发布指数、播放指数、关注及互动指数三大指标来评价媒体抖音号。在对抖音号的评估中，关注及互动指数的权重最大（55%），播放指数次之（30%），发布指数最小（15%）。指标权重公式具体如下：

表2-2-2 媒体抖音号的测量指标权重

一级指标	二级指标	标准化	权重
发布指数	总发布数X_1	Ln（X_1+1）	5%
	日均视频发布数X_2	Ln（X_2+1）	10%

（续表）

一级指标	二级指标	标准化	权重
播放指数	总播放量X_3	Ln（X_3+1）	10%
	平均每个视频的播放量X_4	Ln（X_4+1）	20%
关注及互动指数	粉丝数X_5	Ln（X_5+1）	15%
	平均每个视频的点赞数X_6	Ln（X_6+1）	15%
	平均每个视频的评论数X_7	Ln（X_7+1）	15%
	平均每个视频的分享数X_8	Ln（X_8+1）	10%

权重=［$0.05\times\ln(X_1+1)+0.1\times\ln(X_2+1)+0.1\times\ln(X_3+1)+0.2\times\ln(X_4+1)+0.15\times\ln(X_5+1)+0.15\times\ln(X_6+1)+0.15\times\ln(X_7+1)+0.1\times\ln(X_8+1)$］×100

结合本研究的指标，通过对抖音号的发布指数、播放指数、关注及互动指数的分值计算，项目组对2018年表现优质的媒体抖音号进行了分析，并根据最终分值的自然排序，得到不同行政级别、不同媒体属性的抖音号榜单，具体如下：

表2-2-3　中央级媒体抖音号影响力前十名

账号	认证信息	发布指数	播放指数	关注及互动指数	总分
人民日报	人民日报	35.85	543.80	691.35	1271.00
CCTV国家记忆	CCTV《国家记忆》	31.20	516.70	639.00	1186.90
人民网	人民网	44.60	510.30	615.75	1170.65
现场云	新华社新媒体中心	32.45	510.70	602.90	1146.05
环球网	环球网	53.15	504.80	583.15	1141.10
新华社	新华社	36.00	494.40	581.05	1111.45
央视新闻	央视新闻	44.40	488.80	577.55	1110.75
中国网直播	中国互联网新闻中心中国网直播	51.70	489.10	555.10	1095.90

（续表）

账号	认证信息	发布指数	播放指数	关注及互动指数	总分
CGTN	中央广播电视总台	35.90	486.30	573.65	1095.85
正大综艺动物来啦	CCTV-1《正大综艺·动物来啦》	28.85	481.70	572.10	1082.65

人民日报的抖音号上线不到半年，点赞数已经超过1.5亿。它紧跟时事热点，主要推崇社会正能量和爱国主义情感和价值观。即一方面通过推出“暖新闻”视频，传播社会正能量；另一方面通过展现中国公民背后强大的国家后盾、中国繁荣昌盛的复兴故事、维护国家安全的中国军人形象、国际事件背后的中国态度和决心等，来激发普通网民的爱国主义情感。例如，2018年12月，人民日报推出“孟晚舟获得保释”抖音视频，该视频前半段是孟晚舟获得保释后的现场乘车画面，后半段则采用孟晚舟所发的“我以祖国为傲”朋友圈截图内容，配以《我爱你中国》伴奏音乐，迅速激发广大网民强烈的爱国主义情感。视频自发布后，累计获得212万点赞数，评论留言超过7万条，产生了较好的传播效果和影响力。

表2-2-4　省级媒体抖音号影响力前十名

账号	认证信息	发布指数	播放指数	关注及互动指数	总分
快乐大本营	湖南卫视综艺娱乐节目	34.60	517.30	644.85	1196.75
湖南卫视少年说	湖南卫视《少年说》	38.15	506.40	599.45	1144.00
浙江卫视	浙江卫视	51.60	506.60	579.65	1137.85
江苏卫视	江苏卫视	38.45	504.30	587.85	1130.60
河北青年报	河北青年报官方账号	39.75	491.70	587.55	1119.00
BTV养生堂	BTV《养生堂》官方抖音号	38.55	482.80	576.15	1097.50
湖南娱乐	湖南娱乐频道	49.05	494.40	552.55	1096.00

（续表）

账号	认证信息	发布指数	播放指数	关注及互动指数	总分
黄河电视台	黄河电视台官方抖音号	44.50	489.40	560.85	1094.75
中国好声音	浙江卫视《中国好声音》	42.75	494.50	557.40	1094.65
都市现场	江西广播电视台都市频道	36.55	491.50	563.45	1091.50

湖南卫视综艺娱乐节目《快乐大本营》善于运用“明星出镜”的方式，为每周节目进行预告。2018年3月，节目组推出了第一条抖音视频。视频中采用的“捧脸杀”创意，主要是节目主持人和嘉宾陆续朝着镜头做出捧脸的表情，呈现乖巧萌化的可爱状态，既展现了节目生产的后台状况，也给广大网民提供了拍抖音视频的创意，便于网民进行模仿。更重要的是，《快乐大本营》通过发布抖音短视频，告知和提醒观众本期节目的参与嘉宾和播出时间，产生了良好的节目预告效果。

表2-2-5　地市级和区县级媒体抖音号影响力前十名

账号	认证信息	发布指数	播放指数	关注及互动指数	总分
牙尖熊猫侠	成都商报	37.55	502.70	588.45	1128.70
温州日报	温州日报	46.35	492.70	562.40	1101.45
三峡晚报	三峡晚报	43.80	489.30	558.95	1092.05
莒南手机台	莒南县广播电视台	35.85	492.40	555.15	1083.40
谈在交通	成都市广播电视台《谈在交通》	27.40	485.00	569.25	1081.65
温州都市报	温州都市报	49.60	486.00	543.95	1079.55
温州商报	温州商报	51.10	480.10	547.25	1078.45
菏风	牡丹晚报新媒体短视频原创团队	47.70	486.40	541.40	1075.50
武汉广电-TV抖妹儿	武汉广播电视台	37.80	489.10	546.65	1073.55

（续表）

账号	认证信息	发布指数	播放指数	关注及互动指数	总分
南昌三套《政法报道》	南昌广播电视台南昌三套《政法报道》	40.90	479.00	539.65	1059.55

在地市级媒体中，温州日报数字化转型动力较大、积极性较高，并且善于通过整合营销活动增强影响力。比如温州日报策划的“我为温州代言”网红大赛，有效调动了本地社会知名人士的参与热情，吸引了本地正能量“网红”“大咖”参与《温暖之州·大爱之城》抖音原创短视频制作，极大满足了温州日报抖音号的日常内容发布需求，迅速为该账号增加粉丝。从2018年上线以来，温州日报已获得4534万点赞数，在地市级媒体中保持前列。

表2-2-6　广电类媒体抖音号影响力前十名

账号	认证信息	发布指数	播放指数	关注及互动指数	总分
快乐大本营	湖南卫视综艺娱乐节目	34.60	517.30	644.85	1196.75
CCTV国家记忆	CCTV《国家记忆》	31.20	516.70	639.00	1186.90
湖南卫视少年说	湖南卫视《少年说》	38.15	506.40	599.45	1144.00
浙江卫视	浙江卫视	51.60	506.60	579.65	1137.85
江苏卫视	江苏卫视	38.45	504.30	587.85	1130.60
央视新闻	央视新闻	44.40	488.80	577.55	1110.75
BTV养生堂	BTV《养生堂》官方抖音号	38.55	482.80	576.15	1097.50
湖南娱乐	湖南娱乐频道	49.05	494.40	552.55	1096.00
CGTN	中央广播电视总台	35.90	486.30	573.65	1095.85
黄河电视台	黄河电视台官方抖音号	44.50	489.40	560.85	1094.75

CCTV《国家记忆》节目运用珍贵的历史影像资料制作抖音视频。这些历史影像资料既包括新中国成立、恢复高考、奥运会、习马会等重要历史节点事件，也包括毛泽东、周恩来、邓小平等党和国家领导人的工作生活片段，还有国家在各个时期取得的成就以及历史考古等资料。这些影像资料很少集中呈现，因此本身就具有十分重要的历史价值。这些视频推出后，迅速受到抖音网友的欢迎，不少视频点赞数超过100万。而且这些视频可以帮助年轻网民寻找国家记忆，对于促进年轻人的国家认同感和激发爱国主义情感具有一定意义。

表2-2-7　平面媒体抖音号影响力前十名

账号	认证信息	发布指数	播放指数	关注及互动指数	总分
人民日报	人民日报	35.85	543.80	691.35	1271.00
牙尖熊猫侠	成都商报	37.55	502.70	588.45	1128.70
河北青年报	河北青年报官方抖音号	39.75	491.70	587.55	1119.00
新华社	新华社	36.00	494.40	581.05	1111.45
温州日报	温州日报	46.35	492.70	562.40	1101.45
三峡晚报	三峡晚报	43.80	489.30	558.95	1092.05
温州都市报	温州都市报	49.60	486.00	543.95	1079.55
温州商报	温州商报	51.10	480.10	547.25	1078.45
菏风	牡丹晚报新媒体短视频原创团队	47.70	486.40	541.40	1075.50
中国武警	解放军报社武警分社	29.70	482.20	561.90	1073.80

河北青年报的抖音账号有这样几个特点：一是比较早开设抖音账号，能够在早期的产品期就形成粉丝积聚。二是专注于本地内容生产，制作了大量本地社会和民生新闻视频，这些视频和河北本地民众息息相关，容易

获得关注和转发。同时专注于本地内容生产，容易被抖音平台进行算法推荐，扩大视频的到达范围和增加播放量。三是该账号更新比较快和勤，截至2018年12月22日已发布283个抖音视频，容易形成持续的关注和影响。作为一家地方青年报，河北青年报能够较早布局抖音，并获得100多万粉丝、近2000万点赞数，实属难得。

表2-2-8　网站、新媒体类抖音号影响力前十名

账号	认证信息	发布指数	播放指数	关注及互动指数	总分
人民网	人民网	44.60	510.30	615.75	1170.65
现场云	新华社新媒体中心	32.45	510.70	602.90	1146.05
环球网	环球网	53.15	504.80	583.15	1141.10
中国网直播	中国互联网新闻中心中国网直播	51.70	489.10	555.10	1095.90
1站娱乐	东方网旗下娱乐资讯	49.80	482.90	547.30	1080.00
环球萌圈	环球网博览官方	59.40	476.20	531.35	1066.95
新青年	新华社新青年工作室	54.40	475.00	530.55	1059.95
直新闻	深圳广播电影电视集团直新闻	32.60	477.20	543.85	1053.65
中国江西网	中国江西网	49.65	478.20	524.80	1052.65
24小时实拍	杭州文广集团新媒体	40.00	474.70	537.00	1051.70

新华社新媒体中心的“现场云”主要推出社会正能量视频，相关视频主题包括挽救跳楼轻生者、解救洪水围困人员以及关键时刻帮助小孩脱离险情等。这些视频本身具有较强的视觉冲击，画面和音乐都带有紧张感和危机感，能够迅速抓住网民的注意力。网民观看完整个视频，又可以被警

察以及热心民众的行为感动，因而乐于点赞和转发。尽管“现场云”2018年只推出了52个视频作品，但已获得3718万点赞数，总体发展态势较好。

媒体抖音号的整体特点

根据对后台数据的统计，我们对媒体抖音号的发展态势进行研判。我们认为，媒体抖音号主要有如下特征：

（1）中央级媒体较早布局抖音，三大央媒头部账号保持领先地位。人民日报、新华社、中央广播电视总台等中央级媒体是抖音平台媒体账号开设的早期使用者。三大央媒的头部账号表现较为抢眼，如人民日报社旗下的人民日报、“人民网”、“环球网”，新华社旗下的“新华网”“现场云”，中央广播电视总台旗下的“央视新闻”“小央视频”“CCTV国家记忆”“CGTN”等。人民日报新媒体中心专注内容生产，善于抓住节假日或重大事件的“热点时刻”进行抖音内容策划，并通过与抖音平台合作实现更大范围的广泛传播。新华社注重打造“现场云”技术平台、“媒体大脑·MAGIC短视频智能生产平台”等，这些平台正在被越来越多媒体和机构使用，将革新以抖音视频为代表的短视频制作过程。中央广播电视总台拥有丰富的存量视频素材，能够保证旗下各媒体账号的稳定内容生产和投放，影响力指数不断上升。

（2）全国各省份及直辖市之间的发展尚不均衡，地市级和省级媒体部门开通的账号最多，上海、浙江等华东地区媒体开设抖音号的积极性最高。从行政层级来看，地市级和省级媒体部门开通的账号最多，分别占比38.8%和34.7%；区县级和中央级媒体账号较少，共占总数的26.5%。总体来看，媒体抖音号在区县级层面还有较大的发展空间，而在省级和地市级层面上正呈现良好的发展态势。从地域分布情况来看，媒体抖音号在全国各区域之间的发展尚不均衡，目前华东地区媒体开设抖音号的积极性最高，而西北、华南和东北地区的媒体较不积极。这可能与抖音的用户基础偏重经济发达地区以及东部地区有关。网上有所谓“南抖音北快手”的说法，抖音在上海、浙江等华东地区的用户规模庞大，所以东部地区媒体也较为热衷于在抖音开设账户。

（3）省级卫视及其知名综艺节目抖音账号的先天优势明显，各电视台通过碎片化传播达到节目预告和推广效果。省级卫视及其知名综艺节目不仅存有海量视频素材，而且依托主持人和嘉宾的强大人气，具备运营抖音账号、获得粉丝关注的先天优势。通过榜单可以发现，多家卫视及其知名节目抖音账号影响力保持前列。其中湖南卫视综艺娱乐节目《快乐大本营》账号拥有1656.76万粉丝，成为全国媒体抖音号中粉丝数最多的账号。它主要通过邀请节目嘉宾和主持人拍摄抖音视频，借助明星和主持人的人气推动视频扩散和传播，该账号迅速获得大量粉丝，也实现了节目预告的效果。浙江卫视《中国好声音》节目和湖南卫视《少年说》节目则主要通过剪辑播放节目精彩片段，运用碎片化传播的方式，推动节目内容的再次传播和扩散，提升受众关注度和影响指数。浙江卫视和江苏卫视的官方抖音账号代表所在机构身份，它们一般有选择性地投放节目视频片段，发挥节目预告、内容推广和品牌塑造等混合功能。

（4）省级报业集团及旗下媒体加快短视频项目孵化，通过成立短视频工作室、招聘短视频制作人才进行建设，目前视频多发布在其客户端和微博上，并逐步投放到抖音。中国互联网络信息中心数据显示，74.1%的中国网民在使用短视频应用。当前，新闻短视频渐成主流报道形态，这对省级报业集团旗下的省级党报和主流都市报提出了挑战。为此，省级报业集团加快短视频项目孵化，通过成立短视频工作室、招聘短视频制作人才进行团队建设。比如浙报集团的“浙视频”、澎湃新闻的“澎湃视频”、新京报的“我们视频”、南方都市报的“N视频”、界面新闻的“箭厂”等。其中“我们视频”“澎湃视频”“浙视频”比较突出新闻属性，制作了较多短视频新闻，引发较多关注。不过，目前这些视频多发布在其客户端和微博上。其中新京报和澎湃新闻较早开设抖音账号，发布它们制作的短视频。其他媒体如浙江日报已开始逐步将短视频投放到抖音平台上传播。

（5）媒体抖音号总体处于探索阶段，不同媒体定位较为多元。视频创意成为媒体孵化重点，爆款作品主要集中在媒体的传统擅长领域。各项榜单排名前列的媒体抖音账号最大的共同点是，对自身媒体抖音账号都有准确定位。总体而言，目前媒体抖音号仍然处于探索阶段，不同媒体定位较为多元，如人民日报和湖南卫视综艺节目《快乐大本营》、CCTV《国家记忆》等，媒体账号的内容发布和探索渐趋成熟。比如CCTV《国家记忆》节目运用不同时期的重要历史影像资料制作抖音视频，这些视频涉及党和国家的重要历史时刻以及领导人讲话的精彩片段等，对于构建普通民众国家认同感、激发大家爱国主义情感具有重要作用。另外，传统媒体短视频人才队伍紧缺、多平台运营压力较大，并且处在尝试和摸索阶段，因而其抖音账号创意孵化困难，爆款作品主要集中在媒体的传统擅长领域。

结语

综上所述，媒体抖音号的探索和运营实践表明，当下中国新闻业呈现以下三种趋势：一是平台媒体化，伴随主流媒体的纷纷入驻，抖音平台的媒体属性更加凸显。抖音正逐渐成为主流媒体新的“标配”，媒体正在借助抖音平台实现宣传主流意识形态的重要使命。二是报道视觉化，新闻短视频成为用户接触资讯的重要方式，以抖音为代表的短视频成为媒体报道的新形态。短视频引发视觉化传播变革，而视觉化传播变革再次验证了移动互联网的重要影响。三是传播智能化，抖音算法的不断优化促进视频的精准推送和个性化分发，使信息传播变得更加快速和有效。

抖音正引领互联网视觉化传播，为主流媒体提升传播影响力提供新平台和新“风口”。定位垂直化，注重实用性，内容创意化，以正能量、暖视频来做到“有趣+有用”，是媒体抖音运营的创新方向。主流媒体应该抓住这些趋势，推动媒体融合走向深入，不断增强自身传播力、公信力和影响力。

（作者张志安，中山大学传播与设计学院院长、教授；林功成，中山大学传播与设计学院副教授；章震，中山大学传播与设计学院博士生）

“专家点评

新媒体创新案例：抖音

短视频作为一种新兴的媒介形态，已迅速成为当前社交领域的“新宠”，而这一社交格局的确立，离不开抖音的历史贡献及其持续创新。抖音上线不到三年已拥有2.5亿日活跃用户、4.5亿月活跃用户的短视频分享平台，充分集合了新媒体的各种特性，并不断完善自身的内部生产逻辑与外部呈现形式。

第一，内容生产层面。抖音鼓励用户分享平淡生活的点滴时刻与有意义的瞬间，同时将探索的触角从用户层面延伸到社会层面，即不仅关注趣味内容的传播，也关注公共信息的传播以及公共价值的生成。

第二，技术逻辑层面。抖音不断优化人工智能算法分发技术与视频拍摄技术，为用户精准推送趣味内容，同时借助简易的视频技术帮助用户完成优质视频内容的生产。

第三，呈现形式层面。除了作为用户群体的原创视频分享平台，抖音也结合当下青年人的社交特征，成功打造多个现象级传播的短视频，以此激发用户的二次创作，使美好的瞬间既能被定格留存，又能在社交网络中流动传递。

第四，用户定位层面。抖音并未将受众局限于年轻人这一最初目标群体，而是不断丰富视频内容的类型和属性，吸纳不同年龄层用户，甚至将目光投向广阔的海外市场，覆盖了超过150个国家和地区，同时也积极打造政务新媒体平台。

（作者刘涛，暨南大学新闻与传播学院教授）

03
DT财经

DT财经成立于2015年，是第一财经旗下的数据新媒体，集数据内容、数据社群、数据活动和数据可视化于一体，希望通过数据解读消费社会和商业图景，连接数据、机构和普通读者。目前DT财经比较垂直，主要由数据内容和数据社群两部分组成。数据内容包括深度研究稿件、研究报告和数据可视化产品。数据社群“数据侠”围绕数据内容，将关注数据的人聚集在一起，在社群中开展线上、线下活动，征集创新数据作品等，形成一个循环链条。

主题演讲

DT财经：数据时代的新媒体创新实践

各位老师、同学，还有业界各位前辈，大家下午好。跟前面的腾讯新闻、抖音比起来，DT财经是一个非常小的探索性产品，很高兴也很荣幸能够获得大家的认可，今天主要分享一下我们在数据新闻层面的探索与创新。

DT财经是什么？

DT财经成立于2015年，是第一财经旗下的数据新媒体，集数据内容、数据社群、数据活动和数据可视化于一体，希望通过数据解读消费社会和商业图景，连接数据、机构和普通读者。

目前DT财经比较垂直，主要由数据内容和数据社群两部分组成。数据内容包括深度研究稿件、研究报告和数据可视化产品。数据社群“数据侠”围绕数据内容，将关注数据的人聚集在一起，在社群中开展线上、线下活动，征集创新数据作品等，形成一个循环链条。

目前DT财经的读者主要是来自商业、消费、城规等领域的从业者以及高校的数据爱好者，聚集在一线城市和强二线城市，以男性居多。

方法和形式创新：新编辑部的故事

作为一家数据新媒体，我们将数据和新闻结合，在生产方法、形式和内容上都有一些创新。

在这个新编辑部的故事里，一篇数据新闻的生产需要由编辑、数据分析师和设计师共同完成，在编辑确定选题之后，要与数据分析师共同讨论数据挖掘方向，在从数据中提取出信息后，与设计师沟通完成数据可视化，同时编辑开始展开文字稿件的写作，最后与数据可视化一起组成一篇数据新闻，经过验证、编辑、校对等程序后对外发布。对于比较小的主题，这个流程通常需要3—5天，而一些数据分析与可视化比较复杂的项目则耗时较久，甚至需要1—3个月的时间。

这就对编辑提出了更多要求，既要了解如何写新闻，也要掌握更多计算机技术，对数据有感知，同时还需要懂一点可视化，可以跟设计师沟通。

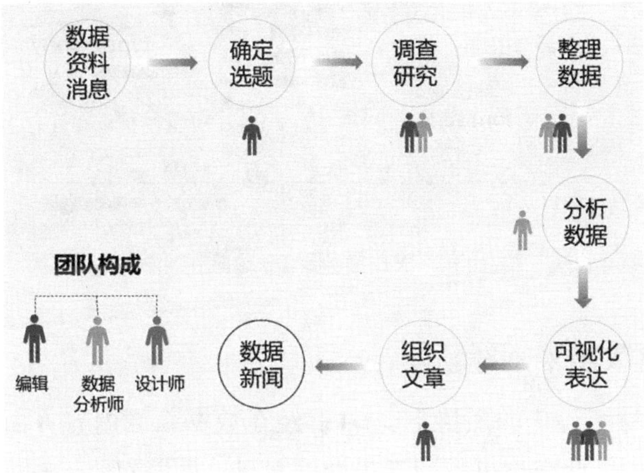

图3-1-1　DT财经数据新闻编辑部生产流程

这样的新编辑流程下产出的内容，在形式上也与传统新闻有比较大的差别，所有内容最终都由“文字+数据可视化”组合而成。过去三年，DT财经已经生产了3000张数据可视化的图表，有静态的、动态的，也有可交互的。有的数据分析结果比较复杂，仅用稿件并不能完整地展现结果，这时候我们就会生成可视化交互产品，让读者可以自主查询与操作，更全面地了解信息。

为了让数据与信息表达更加直接与美观，DT财经在数据可视化方面进行了比较多的探索，除了对复杂信息进行拆解形成信息图，降低阅读成本，对柱状图、条形图、折线图、散点图、环形图等基本可视化表达样式进行变形和美化，我们还在基于地图的地理位置信息可视化层面开发了较多可视化样式。

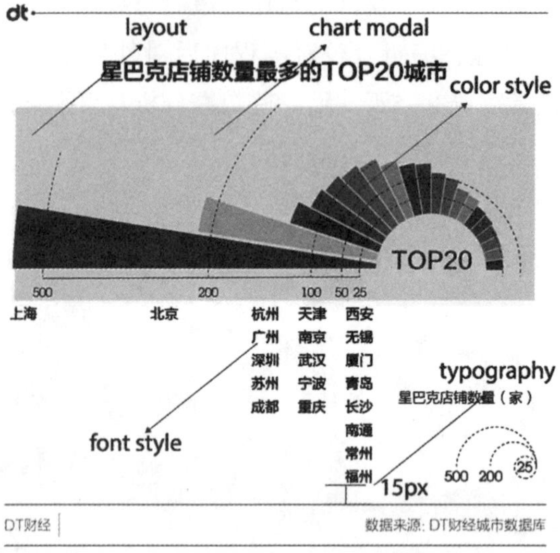

图3-1-2　DT财经半圈式玫瑰图制图说明

如何用数据来阐释新闻?

在数据与可视化的加持下，DT财经在数据新闻内容方面探索出一些方向。首先，一些数据可以帮助我们更直观、更深刻地了解新闻和新闻背后的信息。当一些重大事件发生时，大家能隐约感觉到发生了一些变化，但通过数据的解读与可视化呈现，这些模糊的感受可以被量化。一个比较典型的案例是，2015年天津大爆炸之后，我们发现空气净化器和外卖的搜索量暴增了3倍。

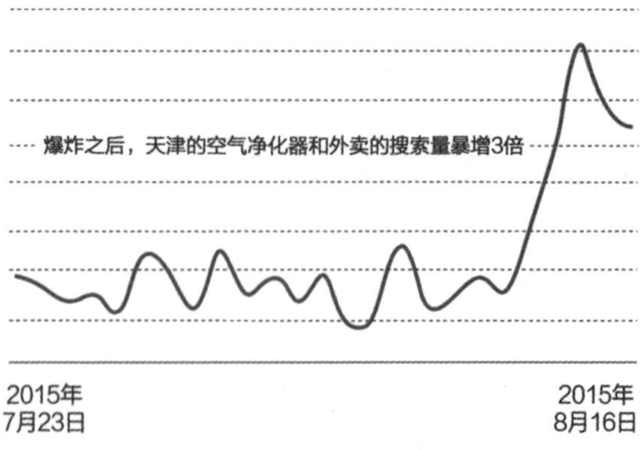

图3-1-3　2015年天津大爆炸后，空气净化器和外卖的搜索量变化

其次，一般情况下，普通新闻通过个案报道管窥全景，而在数据的支持下，新闻能向读者呈现一个清晰且宏观的全貌。比如，2016年全国铁路开始实行新的列车运行图，这是近十年来中国最大范围的列车运行调整，我们通过采集中国铁路客户服务中心（12306网）的32万条数据，分析了中国铁路动脉的变动，挖掘出高铁成网背后透露出的区域经济、城市地位变化等新信号，再对数据分析结果进行可视化呈现。读者可以通过一篇数据新闻，对中国高铁网络和背后的区域城市故事获得比较宏观的了解。

从什么样的数据中可以挖掘出新闻?

最近两年来，DT财经更多尝试从既有的数据中挖掘新闻价值。

我们曾经采集了罗永浩发布的所有微博，通过分析他在微博上所@的人，构建出罗永浩的线上关系网。我们采集了在挂号网上注册医院的分布图，发现在沿海地区和中部比较发达的城市，上网医疗的方便程度更高，相对于通过个案分析批判医疗制度，这种方式能更全面地反映“挂号难”这一全国性难题。

DT财经还有一个比较创新的数据新闻项目——“地铁1公里”，主要是以地铁站为观察坐标来认识一个大城市，以每个地铁站周边半径500米的区域为地铁站辐射圈，并以此为研究观察区，采集其中与城市商业、商务、居住、休闲娱乐和交通功能相关的数据，为每个地铁站辐射圈生成14项指标。通过这样指标化的表现，大家能对城市形成一个非常直观的认知，可以知道哪里的综合实力更强以及城市各项功能是如何分布的。

这个研究已经覆盖了北京、上海、广州、深圳4个城市，数据量比较大，其中上海的数据是1亿条，北京的是1.7亿条。通过这些数据，我们找到了北京和上海的活力中心。通过对比可以发现，北京有泛国贸CBD（中央商务区）、金融街、中关村和望京4个活力中心；而上海的活力热点都聚集在内环，形成一个大的中心区域。

上述能够挖掘出比较多有价值信息的数据源存在共性，即都是样本量足够大、具有足够代表性的数据。所以我们在进行数据合作时，基本上是挑选占有率最高的企业或机构，这样可以保证有比较好的代表性。

数据新闻的价值在哪儿?

通过“地铁1公里”这样的数据研究项目，可以让普通读者更全面与更深刻地了解城市，这为他们租房、买房、工作等重要决定提供了直观量化的参考；可以让商业力量更了解城市，从而做出更精准的商业决策；同时，也能为城市管理者的规划和调控提供很多有价值的信息。

数据改变了我们做新闻的方式，对于普通读者来说，也改变了他们看世界的方式。

还有一个很重要的意义在于数据新闻在挖掘数据背后的公共价值与商业价值。

公共价值体现在，相对于传统方式生产的新闻，数据新闻具备更加宏观全面、定量精准的特点。在对民生、医疗、交通、城市规划等公共话题进行“数据挖掘+可视化”报道之后，对于普通读者来说，会加深对公共议题的客观理解；而对于管理者/机构而言，这无疑是为验证决策效果和推进下一步工作提供了切实的参考依据。

数据与可视化还展现了商业价值潜力，比如我们曾经结合线下门店数据与线上消费数据做的时尚品牌城市势力评估、通过大众点评数据来评价海底捞在各线级城市连锁火锅店中的竞争力、北上广深便利店的分布情况和品牌战略等，这些商业新闻在数据加持下量化因而更加精准，对于商业力量来说将是非常有价值的信息。

（演讲者唐也钦，DT财经副主编）

“案例分析

数据，让新闻精彩呈现

——DT财经在数据新闻领域的探索与实践

近几年来，随着大数据行业的发展，国内外数据新闻发展迅速，被专家学者认为是未来新闻业发展的新方向，互联网之父蒂姆·伯纳斯·李说：“新闻的未来，是分析数据。”

数据是这个时代的土壤，如何让新闻业在上面自由生长，是一个关乎新闻业发展与传统媒体转型的重要问题。北卡罗来纳大学菲利普·梅耶教授认为，对于这个时代的记者，重要的不仅仅是寻找和获取信息，还要有处理信息数据、发现问题的能力。

在国外，已有《纽约时报》《卫报》等较为系统地推行数据新闻的媒体，走在行业的前列；国内多家门户网站和传统媒体也纷纷试水，开设专栏或频道推出数据新闻和可视化新闻。与国内其他尝试数据新闻报道的机构不同的是，DT财经是2015年成立的专攻数据的新媒体，数据融入其所有新闻实践的操作流程当中，并体现在每一件新闻作品当中。

作为第一财经和阿里巴巴的混血结晶，DT财经兼具财经新闻生产能力和商业数据挖掘能力，这样的新媒体产品，产出的内容有什么特点？与传统新闻操作有什么不同之处？

把数据当作新闻的核心资源

用数据做新闻，最重要的一个环节就是获取大量客观有用的数据。这一步有两点很重要，一是客观，二是有足够被称为“大数据”的数据。任何一点的差错都可能给整个新闻报道带来导向性错误。DT财经在生产每一篇内容的时候，都会花大量精力来保证不在以上两点犯错误。DT财经获取数据的手段主要有两种：一是提取机构和公司的数据，二是自行挖掘数据。

DT财经拥有阿里系公司背后的大数据优势，通过提取这些公司的数据来发现新闻事件。2015年10月29日，《中国共产党第十八届中央委员会第五次全体会议公报》发布了“全面二孩”政策，“备孕”这个平时沉寂的搜索词在淘宝上突然爆发。

DT财经对“备孕”热搜一族进行了详细分析，包括年龄、教育、地域、工作等，通过数据可视化的形式展现出来。在数据分析的过程中，也发现了很多有趣的现象，比如，有钱的男人比一些女人更积极“备孕”。这些现象如果没有进行数据分析是很难发现的。当然，要准确划分政策对“备孕族”的影响，还需要全面科学地调查与分析，仅靠电商大数据是绝对不够的，况且电商大数据本身包含许多需要剔除的“杂质”。所以提取机构数据进行报道只是真正大数据新闻一个必经的初始阶段。

除了电商大数据，DT财经目前通过提取其数据来做新闻的，几乎涵盖了已经开始留存大数据的各行业领头公司，包括滴滴出行、优酷等，也在充分使用国家气象局、国家统计局等政府公开数据来记录时代变迁。

让数据挖掘成为重要的新闻生产方式

为了弥补单个或多个机构数据的局限性，自行挖掘数据是一个很有必要的动作。数据产业发展迅速的同时，很多数据挖掘与分析工具也涌现，DT财经使用各种挖掘工具提取目标网站的数据。经过必要的清理、去重和筛选，建立数据库，将数据的价值储存下来。

2015年9月，DT财经用了一个多月，整理了中国153位重量级财经官员的教育背景，做出一份培养财经官员的“大学排行榜”。这个系列报道的衍生产品是一个中国财经高官资料库，反映每一次重要人事变动的新闻价值。

数据分析的第一步并不是挖掘数据，而是定义问题，需要明确挖掘的目的，即弄清楚中国哪个大学的财经官员更多。然而在数据整理的过程中往往能够发现意料之外的现象，这也是做数据新闻的一大乐趣。以清华大学为例，10位中央财经官员中有9位并不是经管专业出身，这在一定意义上表明，对于年轻大学生，专业不对口从来不是达到梦想的阻碍。

经过半年多在数据挖掘及分析方面的广泛试错，2016年4月，DT财经开始使用Python、R语言等数据分析语言以及八爪鱼等数据挖掘工具，介入重要新闻专题报道。比如，提取了多家大型房源中介机构的数据，跨度为两个月，做了一个涵盖上海楼市多个维度、用多种形态展现的系列大数据报道，其维度包含地铁沿线房价、租房价以及所有公立小学学区房等，尝试从包括价格在内的多个维度勾画出上海楼市的真实运行轨迹。

计算机语言能力、数据分析技能成为大数据时代新闻媒体记者必不可少的一项技能，DT财经也正在努力培养既有新闻敏感性又能熟练挖掘及分析数据的全能小编，甚至是集编辑、码农、设计师于一体的全方位人才。当然，能分析数据只代表能够掌握工具，更重要的是方法论和价值观，掌握用数据的思维方式做新闻，方能够判断怎样的数据有怎样的新闻价值。

内容与内容的展现形式同样重要

专注于财经新闻领域、以数据表达为方法、以可视化为工具，这三点是DT财经的三大特色。从DT财经的内容来看，其对新闻的展现形式非常看重，无论是可视化图表还是标题的拟定，都需要经过严格的制作与挑选。可视化的根本目的是有效地传达和沟通信息，一张图可能比得过成百上千行数据。同时，可视化排斥那些华而不实的图表，复杂的图表会加大受众的理解难度，所以设计师需要在视觉和功能之间达到较好的平衡。

DT财经在日常新闻报道中大量使用我们所熟知的柱状图、饼状图、散点图等，作为最基础的可视化呈现形式。而对于较大型的专题性报道，会使用更加富有表现力的呈现形式。在实践当中，主要有两种类型的数据呈现方式，一种是数据图，另一种是交互型作品。

2016年6月，上海迪士尼开园，DT财经推出迪士尼系列专题报道，对于“吃喝玩乐买”进行了详细的总结，通过搜集整理相关数据，制作了多种信息图表。2016年6月13日，专题文章《这份上海迪士尼乐园攻略，专攻周边吃喝玩乐》介绍了迪士尼周边商圈的情况。通过前期商家数据爬取，再结合地图制作出动态的GIF（图像文件格式）图，让受众清楚地了解商圈信息。这样的表现形式把复杂的信息聚集在一张数据图中，相对于纯粹的文字叙述或者表格展现具有更加直观易懂的特点。

2015年11月22日，中国和东盟10国政府正式签署中国—东盟自由贸易区（CAFTA）升级谈判成果文件，推动了《区域全面经济伙伴关系协定》和亚太自由贸易区（FTAAP）的谈判。亚太地区有这么多贸易协定要谈，彼此都是什么关系？DT财经通过一张关系网清晰地展现了各个国家、各个协定的关系。

图3-2-1　亚太地区自贸协定关系网

交互性作品可能要经历包括数据采集、数据挖掘、数据分析在内的一系列复杂数据处理，然后由设计师设计一种特殊的表现形式，这种形式不同于静态的数据图，而是动态的、实时的，以及允许交互的。这种数据新闻需要内容产品经理、设计师、程序技术员等协同工作，受众通过这种特殊形式更好地了解其他形式难以表现的含义。

《我获得一份生活体验账单，你也来试试》是用北京和上海的生活各项成本做的一份H5作品，用户可以看到两个城市的平均工资和白领工资，以及房租、餐费、交通费等各项支出，最后判断出自己处在什么生活水平。以上实践比较好地做到了内容和形式的紧密结合，打造出良好的用户体验。

尽管国内的交互制作水平还不及国外一些优秀的新闻机构，但是我们已经看到这种形式未来的发展前景，加上中国现在大数据的迅速发展，以及数据可视化的应用价值、多样性和表现力，更多新闻从业者因而不断创新，结合不同的专业背景，创造出更多更好的作品来满足大众。

众包思维，与其他领域数据团队协同进化

无论是工业制造领域还是消费文化领域，中国都具有较好的数据条件，而在商业环境和传播环境变得日益复杂的现在，如何利用不同领域的大数据来处理问题显得十分关键。这时候就需要不同领域的专业人员协同合作，打破行业与技术的壁垒，让数据的价值流动起来。DT财经不仅想自己做数据新闻，还想让更多人参与进来，DT财经提供一个平台，通过这种以众包思维为主要特点的理念来进行数据新闻的操作。

2016年6月，DT财经举办了“寻找数据侠”的线下活动，邀请各行业对数据有研究、有兴趣、有独特见解的人，让他们自由表达对数据的各种观点与看法，DT财经在自有App、微信公众号等渠道开通了“数据侠”专栏，为“数据侠”的优质内容提供传播渠道。通过持续提供不同领域的数据化内容，让数据有温度和更加人性化，为用户提供一个有价值、有温度的数据内容入口。

《一条数据狗的上海买房攻略》展示了2015年以来上海房价的增长趋势，作者是一位阿里云数据可视化工程师，这篇数据新闻利用大数据解释了上海高房价背后的一些故事。文章通过数据向受众分析了哪里的房子好卖、哪里的房子涨得快、高房价背后的建设量、租房的分布、政策对房价的影响等问题。

为了让用户获得更好的阅读与交互体验，DT财经有专门的编辑人员对“数据侠”创作的内容进行再编辑，让其更加符合数据新闻的要求。除了与个人“数据侠”合作，DT财经还与第三方数据机构合作，利用其提供的大数据资源进行新闻内容生产。

2016年5月，DT财经与地理大数据服务商GeoHey合作推出了“铁路大调图”系列专题报道，利用32万条12306网的数据进行分析。铁路运行图调整这种新闻，往常基本就是便民信息和一些新闻通稿，但是通过大量数据整理与分析之后，发现了一系列铁路运行调整所反映的区域经济和人口

变化情况，这是传统新闻报道难以挖掘到的新闻点。

把这些新闻点整理出来之后，DT财经做出了三篇系列文章，分别是《12306数据告诉你："铁路新势力榜"中，北上广深居然要重新排序！》《32万条数据揭示：高铁争夺战尘埃落定，哪些小城是真正的赢家？》《32万条铁路数据揭示：那些地域鸿沟和偏见，十年来未曾改变》，结合地方城市历史与现状分析了当下中国经济和人口流动的密码。

响应碎片化时代，打造独特的阅读体验

移动互联网的发展已经把人们带入碎片化时代，传播技术的发展决定了传播方式的变革，在新的技术环境下，落后的传播方式和传播理念早晚会衰弱。用户的碎片化阅读方式呼唤新的移动端产品。DT财经无论从媒体产品形态还是其内核特征上都具有鲜明的创新性，是典型的新媒体，是一个基于数据新闻价值挖掘并形成新闻信息产品的平台。

DT财经对时代回应的特点就是App的"卡片式"模式，每一篇文章有不同段落，用户可以对每一段落点赞、分享。考虑到大量读者对图片的印象比对文字更加深刻，DT财经的客户端为每一张图片都增加了分享按钮，这样图片可以摆脱文本，独立完成"病毒式"传播。不仅如此，DT财经还为用户提供了多种不同的图片修改模板，每一个用户都可以自行输入文字来评价图片内容，使这些图片的分享效果更加个性化。这样，基于每一段文字、每一张图片的自定义分享功能就具有很强的独创性。

DT财经的进化方向

大数据时代是一个令人兴奋的时代，数据新闻想象空间巨大，技术的力量、科学的思维、艺术的表达方式将有可能在这里实现高度融合。

传统新闻报道写故事讲道理，用的是有代表性的个案，偶尔用一些小样本的定量分析。信息与通信技术的发展，为记录社会的各种行为提供了新的技术条件，而新技术呼唤新闻操作层面的全新方法论。数据新闻的广泛发展可能将是新闻进化史上一个重要的转折点。

数据新闻来源于调查新闻，具有调查新闻独立、深入、细致、全面的特点。DT财经作为一个数据新媒体，本质上力求成长为一个能够将数据

进行可视化、新闻化、产品化解读和呈现，最终实现其商业价值和社会价值，为IT（信息技术）时代到DT（数据处理技术）时代的商业逻辑设计创新奠定基础的创新性产品。

未来，DT财经将担任数据时代新媒体探索的先头兵，使用更多技术手段与呈现方式，在数据新闻领域做更多深入摸索，做一个忠于历史的记录者。DT财经今后不仅会专注于数据分析与可视化，更会重视培养讲好中国故事的能力，提供一个有价值的数据内容入口，还会聚集数据人、数据报告、数据公司，成为大数据产业链上连接各方的新媒体平台。

（作者王小乔，DT财经前主编、第一财经前编委）

专家点评

创新驱动，数据新闻延展价值

数据新闻是最近几年来快速发展的一种新闻类型，而DT财经在数据新闻生产实践上做出了有益的尝试，凭借着专业化的团队、先进的理念以及强大的执行力，不断推出优秀的数据新闻产品。有一个数字让笔者印象深刻，“在过去的三年间，DT财经已经生产了3000张数据可视化的图表”。总结DT财经在数据新闻上的操作实践，可以发现“创新”是一个异常重要的关键词。

一方面，从内容到方法再到形式，数据新闻大大拓展了我们对新闻的认知。传统的新闻一般是关于“新近发生的事实”的报道，这个事实通常都是显性的、动态的、引人注目的，但是数据新闻不同，它一般是隐性的、静态的、不为人所知的，需要专业人员运用专业的工具进行分析和挖掘，才能彰显其中的新闻价值。“财经高管籍贯的可视化地图”“王石的生平简历”这些选题都具有此种特征。DT财经过去几年来给读者贡献了大量此类数据新闻。

另一方面，数据新闻具有重要的公共性。数据新闻在中国的历史很短，很多人还没有意识到数据新闻的重要价值，甚至有人认为数据新闻枯燥乏味，不如充满故事性的深度报道、非虚构写作有趣味有意思。DT财经的很多数据新闻可以纠正这种错误认识，比如，《地铁站房产地图》这样的数据新闻可以让读者更有针对性地买房卖房，让商家选择合适的经营场所，让政府采取有针对性的社区治理措施。

（作者窦锋昌，复旦大学新闻学院教授、高级记者）

04 看看新闻

Knews24是上海广播电视台融媒体中心“看看新闻”在2016年6月成立的时候推出的，属于媒体转型的重点产品，到目前经过两年多的悉心运营。它是一条面向海内外的24小时互联网视频新闻直播流。人、产品、渠道是我们在策划这款产品时考量的三个维度：从人的角度来说，Knews24代表着新媒体人24小时随时在线的从业状态；从产品的角度看，直播流只是外在的呈现方式，底层是多元的内容产品供给线；从渠道布局上说，它是我们构建新型传播生态的战略布局中的重要一环。

主题演讲

Knews24背后的融合转型战略

感谢主办方！“看看新闻”的这款产品能获得各位专家的肯定，我们备感荣幸。Knews24是上海广播电视台融媒体中心“看看新闻”在2016年6月成立的时候推出的，是媒体转型的重点产品，到目前已经过两年多的悉心运营。它是一条面向海内外的24小时互联网视频新闻直播流，当中融入了我们在媒体融合转型过程中的深度思索。原有传播格局被打破后，我们既要面对新趋势做自我颠覆，又要冷静检视整个新闻产品市场，做好专业坚守。

人、产品、渠道是我们在策划这款产品时考量的三个维度：从人的角度来说，Knews24代表着新媒体人24小时随时在线的从业状态；从产品的角度看，直播流只是外在的呈现方式，底层是多元的内容产品供给线；从渠道布局上说，它是我们构建新型传播生态战略布局中的重要一环。

第一是人。一条全天候的新闻流，最大的作用就是随时随地看正在发生什么，因此它的存在最大化地改变了原先电视记者、编辑踩着播出点工作的状态。因为这是移动互联网时代用户的需求，极少人守着固定播出时间等新闻，而是随时接收、随时分享、随时搜索。我们采访部有一群年轻记者，他们的本职岗位是记者，要出镜做连线报道，但同时，他们有其他工作职责，可能要为Knews24做一场网络直播（重口味，几十分钟的体量传统版面承载不了），可能要在Knews24直播流中的一档栏目《周末818》中做主持人，他们是中国传媒大学播音主持系毕业的，盘点网络热点。

这些非常有朝气的年轻人是我们融媒体中心去年的新进员工。也是从去年开始，中心制定了一项新规定，所有新进员工，不管是哪个部门对口招进来的，第一年统统到网端产品版块工作，为Knews24做短视频、网络直播。一年后，他们回到了原定岗位，有记者、摄像、主播、栏目编导，他们成了最熟悉网端生产流程的电视人，在电视和Knews24两个平台双线作战，毫无压力。

所以在融合中，这条直播流为媒体人的转型提供了一个实践平台，这个平台充分激活了媒体人，一方面是让新闻人时刻处于临战状态，当新闻来临时不用协调版面调换，以最快速度投入新闻实时播报；另一方面是让记者有足够的空间去开拓、盘活积累的新闻资源，资源总是越用越活，版面大大拓展了，就看你会不会整合、调度。

第二是产品。视频时代来临了，对于电视人而言是机遇还是挑战？一开始以为是机遇，兴奋了好一阵，后来发现是挑战，简直是沉重打击，因为移动时代视频制作门槛降低了，产品壁垒被打破，不再有稀缺性。再来看这两类产品，短视频和直播，谁胜出？短视频，同时随风口而起，短视频在最初并不完全被看好，市场对它的传播效率和变现模式存疑，可它在犹豫中一路稳步成长壮大，形成了庞大的产业链；网络直播却在经历了千播大战后快速退潮冷却。在这样的情况下，我们为什么还要坚持做这么一款直播产品？

移动互联网已经把传媒解构成一个超级细分的产品市场，目前短视频是红海，顺应了人们碎片化的阅读习惯，我们在这个领域布局也很充分。但我们认为，在一些突发事件、重大时刻、重要现场出现的时候，碎片化阅读并不能完全满足整个新闻消费受众的需求，Knews24打的就是连续性阅读的市场。

2017年5月5日，我国自主研发的新一代大飞机C919在上海浦东机场成功首飞，融媒体中心精心策划了2.5小时的直播，在电视和Knews24直播流里同步推出，在事后的总结中，我们称之为含金量爆表的2.5小时，当年客户端打开率的峰值也是由它创下的。其实，那天的报道是媒体云集，单在今日头条的平台上就有七家机构同时提供直播信号。我们在这场直播中做了充分准备，扑上全中心的专业力量，多机位布点360°无死角、九年素材累积的备片呈现大飞机建设的辛路历程，技术团队运用虚拟技术建了仿真的三维立体模型，记者是见证者和直播的导引者，邀请航空界的顶级专家在演播室进行专业、深刻的阐释和解读。用户在这两个半小时的直播流里看到的不是一个单一随飞机起降的镜头，而是它九年间的前世今生，兼具鲜活现场和历史厚度。好几个技术员在直播中落泪，这是几代人的航空梦，为这一刻多少年没回过家了。

所以Knews24代表着我们的坚守，专业不能丢，一场新闻直播包含多种视频小产品的供给，它不是简单的堆砌和罗列，要通过精心编排才能使连续性的报道有逻辑、有层次、有深度，最大化地传递有效信息。在分众的格局下，指望一款产品包打天下不现实，我们的小目标是Knews24能在一个细分领域做到引领。

第三是渠道上的考量。画上一片丛林，代表着传播渠道多样化的今天，除了报纸、电视、广播、微博、微信、客户端、数字电视等，用户在哪里，你所构建的传播矩阵就该触达哪里。看看新闻一早就定下全网传播和全屏覆盖的传播战略，Knews24直播流负责主攻大屏、中屏渠道。持续性的直播流确实不适合手机端小屏用户，离手太近了，人们主动点击选择的频率更高，但在距离稍远的PC屏、电视屏上，伴随式的线性播出还是有需求的。IPTV（交互式网络电视）、OTT（Over The Top，即通过互联网向用户提供各种应用服务）拥有庞大的用户群体，路筑好了，需要优质的内容在上面呈现，我们也和联想等PC厂商直接合作，直播流内置在浏览器中，打开可以直接观看。相信今后媒体集团的竞争不再单一看终端的传播力，而是看是否具备快速调动起各类传播资源的能力，所以在短视频竞争壁垒被打破的格局下，作为矩阵配置，我们希望用直播流覆盖一部分大屏渠道。

要实现Knews24的梦想，我们依然面临着很多现实问题，比如高昂的运行成本、人员连续作战的疲惫，但是看到这么多优秀的媒体人依然坚守在新闻现场，我们还是充满信心，希望Knews24能继续承载他们的新闻理想，将专业、优质的内容不间断地输送给用户，不奢望每时每刻的关注，只希望在重要新闻时刻来临的时候它能够被人们想起。谢谢！

（演讲者宋菁菁，上海广播电视台看东方传媒副总经理、运营总监）

“ 案例分析

媒体融合格局下硬新闻的互联网视频化运营

短视频几乎一夜间成为互联网市场的宠儿，逐渐成为信息的主流表达方式。这给电视新闻从业者提供了发挥专业优势的空间，也是对视频新闻生产流程再造的全面思考。受众从电视端向互联网端持续迁移，观众变成了用户，介质的改变和用户行为的出现深刻影响互联网视频新闻生产运营的全过程。

看看新闻是较早尝试原创互联网视频新闻创作的新媒体机构，从众媒时代一路走到智媒时代，始终保持着对视频呈现形态和运营模式的研究思索。不同于线性传播以及坐拥垄断渠道的电视新闻，网络视频新闻的内容运营全面渗透于采集、制作、传播三个环节。

内容运营一：采集

传播渠道去中心化、分众化的趋势确立后，视频新闻面临着前所未有的“眼球”争夺压力，争夺的第一阵地已经前移到采集侧。

当移动互联网裹挟着视频潮席卷而来时，对电视媒体最大的冲击，一是观众跑了，二是信源发布的垄断权被打破。传统模式中，记者、媒体是信息的唯一发布者，而在高清摄像头智能手机普及和社交传播平台发达的环境下，人人都是影像记录者，人人都拥有视频、信息的发布渠道，在突发新闻、官方发布等领域，记者可能永远失去了新闻发布的“第一落点”。

因此，从采集侧来看，网络视频新闻在信源和素材获取上较电视新闻更快、更多、更深，网络编辑今后更可能需要承担起一对多的“内容管理人”角色，深挖和调度素材供给。

案例1：2018年7月27日，看看新闻编辑监看到一段外卖小哥正在路边操作挖掘机的视频在社交网络上热转。凭借视频中外卖小哥身上穿的工作服以及路边停着的送货单车确认了外卖公司，编辑立刻上报给主编，主编致电这家公司的媒体部，确认视频真实性，并提出希望能联络到这名外送员，该公司找到“挖掘机小哥”，小哥接受了看看新闻的电话采访。当天，这条《外卖超时别着急，也许小哥正在帮人开挖掘机》的新闻刷爆各大传播平台。

互联网视频的素材池无限扩大，采集侧的速度、深度、广度成为竞品间比拼的重要环节。以案例1来看：

关于速度。对于传统电视新闻，后方编辑等前方记者的拍摄素材到达后开始制作，而现在通过社交渠道海量涌现的碎片化视频提供了网络编辑取之不竭的素材。在日常网端工作设定中，我们设置了社交平台的监看岗，通过对专业大号和热度榜的分析监看，及时发现有价值的视频素材。

关于深度。经常有人问，现在有越来越多商业MCN（多频道网络产品形态）及自媒体做类资讯短视频，我们作为媒体，和它们的区别是什么？我们的优势是什么？根据我们的实践经验，从社交渠道上涌现的“第一波”画面往往是现象，作为专业媒体机构，就是要让用户不仅“知其然”还要“知其所以然”。第一波“外卖小哥开挖掘机”视频出现后，用户刷的是对这个现象感到的“好奇”，看看新闻编辑跟进后在采访中呈现了小哥本人讲述的“原因”，他在等待客户取货时正巧看到有个师傅在为挖掘机换斗，看出对方是新手，学过这项技术的他因为熟练就上去帮忙，于是在我们推出这条新闻后，用户第二波刷的是现象背后的原因激发的内心“感动”。

关于广度。和传统媒体版面限制不同，互联网对内容的需求不限量，这对生产环节提出了新要求，“网络小编”不再是“小编”，互联网速度要求他们学会“自助”，发现视频素材后运用一切能运用的方式找到拍摄者和当事人，进行电话采访。

为此，日常工作中必须建立和积累起资源库，遇新闻时要知道如何以最快速有效的方式找到新闻生产的协同力量，比如各类机构的媒体对接人、各行业的专家、各类拍客团体等。小编犹如八爪鱼，他的每一个触手盘住一条资源线，广度的提升最终是为了不断提高内容产品的生产效率和品质。

案例2：2018年9月7日，我们的民生栏目《新闻坊》获得一条区台记者报片《马虎舅舅送错校，萌娃着急找爸妈》，这条片子在栏目组微信公众号上发布后，马上有用户留言，指出片中萌娃爸爸说的孩子幼儿园名称也不对，于是视频编辑核实后立刻把这个信息加入，重新制作了一条短视频，再度在看看新闻推出，形成了“糊涂舅舅+糊涂爸爸”的双重笑点，当天该视频在微博、今日头条等平台的浏览量突破5000万，并带来极高的评论量。

新闻跟评是采集侧不可忽视的素材，留言中有很多有价值的信息。基于互联网的内容生产是动态的、持续性的过程，如何在一条短视频中抓住有效激发用户评论的看点，这非常考验编辑的眼光和功力。如上述视频案例中，最终我们在海量的留言中看到“娃娃萌”“警花美”“舅舅糊涂”“爸爸更糊涂”等这些被视频激发的跟评亮点，同时根据留言中用户对这个糊涂舅舅的强烈好奇心，马上让记者跟进拍摄了第二条《马虎舅舅现身了，外甥你下次说啥我都信》，再度带来一波点击量。

同时我们发现，专业视频新闻素材获取的竞争同样在加剧。该条片子是区台记者独家提供给我们的，但上线后不到一个小时，我们就在其他平台上发现了同样的内容，画面重合度很高，最后了解到是警务机构同时派出了一路跟拍力量，其他平台向其要了素材。所以，面对视频类UGC（用户原创内容）的涌现和机构素材资源的垄断被打破，专业媒体在互联网视频的采集工作上面临的是一轮全新的挑战，我们要主动构建网状素材池和精细化运营，建立适用于自身的新闻视频采集战略。

内容运营二：制作

互联网新闻短视频的制作目前已有一套市场共识的标准，时长、字幕、画面、同期声、背景乐（BGM）等有其基本规范，大部分是基于移动互联网应用场景下的用户体验总结出来的，和电视新闻相比，要求在最短的时间内集中呈现有效信息。

除这些基本规范外，看看新闻重点考虑的是，短视频“制作”这个环节要放在媒体机构产品整体运营的全过程中去思考，更注重研究它如何最大化发挥融合生产对传媒机构改革的推动作用。

（一）不是替代，是互补

案例3：看看新闻所在的机构SMG融媒体中心承担着时政新闻报道的重任，逢重要新闻都会推出打通版面的电视大直播，每次大直播开始前都会将短视频制作纳入前期策划环节，如《国产大飞机C919上海首航直播》《海上新航程——洋山深水港区四期工程开港直播》等，每一场直播前后，会制作几十条至上百条的网络短视频。

今后的媒体传播是构建一个立体矩阵，不要孤立地看某一种产品样态，在媒体融合发展的总要求下，电视和网络视频不是对立的，不是相互排斥的。在传统电视端沉淀着大量专业制作力量，电视新闻仍然有其需要坚持的调性，严肃严谨、沉稳持重。而网络新闻短视频语态软、网感强，直观通俗的可视化制作手段为电视新闻降低一个维度，用易于理解的表达方式做引导和补充，让网友以更低的门槛进入新闻阅读。

在重要新闻的报道流程中，我们往往先制作一批短视频撒向网端，为报道预热，在报道过程中以及结束后再同步制作一批短视频，保持报道的热度并二度发酵。制作环节的有序运营能使传媒机构作品错落有致，形成立体化的组合拳效应，互联网传播的出现并不意味传统传媒介质彻底终结，结合本机构的内容整体定位，将专业新闻媒体的优势融入制作环节，让电视新闻和网络资讯短视频有机互补，拥有形成有长有短、有高有低的全产品链综合优势，对今后媒体的矩阵传播力比拼至关重要。

（二）不仅是互补，更是引领

案例4：看看新闻一段3分钟的短视频《全景模拟演播室现洋山港自动化码头实景》成为各家网络媒体对当天“洋山港四期开港”系列新闻报道中转发的亮点。该视频制作融三维动画、虚拟前景、数据可视化等手段于一体，为用户带来新鲜的视觉感受。

电视以往一直是视觉呈现业的引领者，在网络短视频的制作上，看看新闻一直着力研究如何将这一部分引领优势恰当地转换到新媒体阵地，让原有活跃在演播室内的影像技术在互联网上重新焕发生机，融合不是另起炉灶，小屏传播促动广电传统制作技术的革新。同时，另一侧的互联网技术已全面渗透到新闻视频的生产端，传感器和基于大数据的信息采集应用为短视频制作提供了新手段，我们始终保持对这些新技术的关注和尝试，将新闻资源优势与新一代智能制作技术相结合，才能不断推陈出新，再度成为引领者。

内容运营三：传播

传统媒体时代内容生产与传播几乎是独立的两个环节，视频制作者只要打磨好作品，便无须多考虑传播。互联网颠覆了原有传播格局，并一路从PC（个人计算机）时代走到移动时代，再进入智媒时代。在信息过载和智能算法被大量应用的格局下，传播环节变得极其重要，传播策略是否正确直接决定内容是不是白做。作为短视频新闻媒体，我们目前主要抓住三个层面的传播：平台推荐、机器算法、社交。

（一）传播的第一个重要维度：平台推荐

案例5：2018年首届上海国际进口博览会举办期间，SMG出品的航摄短视频《浦江恒流，上海恒新！史诗级夜景大片压轴巨献！》获中央网信办向全网推荐，国内各大网站纷纷转载，很多平台给予置顶推荐，48小时内总浏览量过亿。

从电视向互联网视频的发展过程中，视频制作的门槛在不断降低，但整个市场对优质的专业头部内容还是有很大需求。逢国家盛世、重大节庆会议来临时，各大传播平台上活跃的都是专业媒体机构制作的短视频新闻，包括国家重要政治经济活动的现场画面呈现、高端专业摄制设备的运用、政府层面协作资源的调动等，都是体现稀缺性、与商媒拉开差距的发力点，这类内容一经投放就会在重要时间节点上占据平台头版和加权推送，带来可观的阅读量。

（二）传播的第二个重要维度：机器算法

案例6：看看新闻有一个短视频原创专栏《环球交叉点》，既有专业的国际新闻编辑制作又专注于国际时政新闻的互联网视频表达，既有专业度又有趣味性，这个号推出后在今日头条、网易、微博等平台获得较高排位。

互联网带来内容的空前繁荣，因而信息过载成为新问题，智能算法技术的应用为用户带来了全新阅读体验。但创作者有说不出的郁闷，作品的第一批阅读者也许不再是人，而是机器人，你的作品能否取得较好的传播效果，机器人的取舍成了关键！因此对机器算法规则的研究成了内容运营的重要环节。“交叉点”系列出品的内容调性清晰、个性鲜明，标题内的关键词都是对国际类新闻的热词榜做过深入研究的，对于机器判断来说，越清晰就越容易垂直传播给目标人群。

（三）传播的第三个重要维度：社交

案例7：看看新闻持续做了车辆礼让行人过马路且行人致谢的很多短视频，如《感动！老人过马路遇车主礼让脱帽向车主鞠躬致谢》《5岁女孩鞠躬挥手感谢“车让人”网友纷纷点赞》。

监控摄像头、车行记录仪等视频设备的广泛使用为互联网提供了大量短视频资源，司机和行人相互礼让致谢是看看新闻从中挖掘的一个点。人际的转发传播是一种用户主动行为，是对内容所传递价值观的认同，因此发掘与用户关联度大、能传递其内心诉求以及对整体社会行为有正向示范作用的内容，既是内容传播运营的方法，也是媒体机构挖掘向善动能、向社会传递温情的责任。

此外，还有一个内容运营环节是所有媒体机构都非常关注的，就是变现。是产业就必然要有良性的营利模式，我们在实践过程中尝试过各种营利途径，最终认为，互联网新闻产品的运营与其他内容产品不同，短视频新闻内容必须与“公关”“植入”等模式隔断，新闻视频的品牌价值在于它的公信力和影响力，商业元素的简单渗透对产品的品相、调性会造成很大损害。因此，我们将内容运营中的“变现”环节与前三个环节做明确切割，将精力集中于采集、制作、传播上，精细再精细、创新再创新，用专业优势筑高壁垒，方能在流量和品牌的溢出下实现良性收益。

（作者宋菁菁，上海广播电视台看东方传媒副总经理、运营总监）

“专家点评

融、变、新

——传统广电媒体成功转型之路

上海广播电视台融媒体中心“看看新闻”的融媒体产品Knews24能够入选2018年度应用新闻传播十大创新案例，有很多值得总结的经验，关键在于传统广电媒体的“融、变、新”。

“移动互联网时代用户的信息需求是随时接收、随时分享、随时搜索”，这既是媒介功能的“融”，也对传播业态和媒体人的工作状态提出了“变”的要求。全媒体时代开发和运营融媒体的新媒体人，24小时随时在线的从业状态，全天候的新闻流，改变了原有采编播的工作程序与固有状态。

融合媒介的核心还在于“新”，不仅是技术上的更新，还有理念上的创新。看看新闻的新进员工统统要先到网端产品版块工作，做短视频、网络直播，出来就成为最熟悉网端生产流程的电视人。在传统电视和Knews24网端两个平台双线作战，是主动适应媒介转型的新理念、新做法。

“看看新闻”从人、产品、渠道三个维度着手，试图构建一种新型传播业态。这说明融合媒介时代传统媒体的转型已经在路上，同时也对传统新闻传播教育带来了巨大挑战和转型要求。看看新闻的成功转型告诉我们，当今新闻传播教育培养的人才应当是“全媒体技能+专业素养+职业精神+……”多项兼备的全能人才。

（作者侯迎忠，广东外语外贸大学新闻与传播学院院长）

05
兽楼处

2018年7月，微信公众号“兽楼处”发表了一篇文章《疫苗之王》，作者搜集了长生生物等疫苗公司年报、国家药监局等政府部门通告以及权威媒体关于长生生物等疫苗公司报道，以翔实可靠的文献信源支撑了文章的可信度与真实性。该微信公众号的创办者兽爷撰写《疫苗之王》只用不到三天的时间，其文本的撰写等工作无不彰显兽爷的资深记者功底。

主题演讲

一个财经公号狗的日常：微信公众号“兽楼处”

我今天之所以能站在这里，是因为2018年7月我们发表了一篇文章《疫苗之王》，在这里很感谢张教授能把这个奖颁给我们。我做了一个比较有调侃性的PPT，也比较符合我们公众号的风格。

我们其实还是一个很小的团队，跟现场的其他媒体前辈比，我们这样小的规模（在《疫苗之王》这篇文章发表的时候，我们公众号只有3个人），其实算是后辈。

大家可能都听说过“兽楼处”这个公众号，是发表《疫苗之王》的公众号，除此之外，我们还有“包邮区”这个公众号，我们从9月开始又做一个新的公众号“星球商业评论”，相对于另外两个号，这个号是每天更新的。相对于自媒体，我们更喜欢称自己是内容创作公司，我们专注于内容生产，可以说任务有点重了，每一篇文章的操作时间都非常长，所以我们没办法做到常规化的更新。我们现在主要工作就是运作这三个公众号，我们的公司取名“十万加文化传媒”，是因为篇篇文章实现10万+阅读量是我们公众号的追求。

我们最近有新鲜血液的加入，但规模还是很小，只有5个人，除了一个助理，其他4个人都是传统媒体出身，我原来是第一财经日报的，兽爷原来是南方周末的，包叔原来是界面的年度十佳记者。2018年9月来了一位新的媒体老师，原来在经济观察报任资深记者。以前我们在传统媒体的时候，其实有点看不起做公众号的，公众号在一般意义上处于“媒体鄙视链”的最底端，而现在自己就成为其“添砖加瓦”的一分子。说了这么多传统媒体的事情，我是想说在写《疫苗之王》这篇文章时，传统媒体的经历给了我们很大帮助。

现在我们就给大家分享一下这篇文章当时是怎么创造出来的。这个PPT梳理了这个事件发生前后三个月时间的一个链条，我们当时是在2018年7月15日左右看到药监局关于疫苗这个事件的通报，我当时还把这个事件转到我们相关微博上，但当时并没有引起太大关注。过了几天，我们开选题会的时候，觉得这是一个比较不错的选题，有可能成为疫苗行业的“三聚氰胺事件”。我们各自也有孩子，于是回家看了一下自己孩子疫苗卡上打的是哪个公司的疫苗，刚好其中有一个老师的娃打的就是长生的疫苗。当时即便我们觉得这个事情可以操作但又觉得应该是传统媒体去做的，比如《南方周末》《南方都市报》这样的媒体去操作的，操作这样一篇稿子对我们来说确实风险很大。我们当时虽然确定了这个选题，但还是想等两天看看。但两天过后，我们发现这个事件还是没有太多人关注（我们认为具体原因是传统媒体的影响力式微，选题操作空间狭窄），于是我们就开始着手操作这篇文章。我们大概用了两天时间研究所有相关报道资料以及公司的上市公告，采访了一些相关的业内人士，但最后我们没有把这些相关的采访内容放在稿子里，因为当时在研究的时候发现，康泰生物的董事长杜伟民起诉了报道他负面新闻的记者，而且胜诉了，我们为了规避这些风险，就把一些采访的内容隐去，只保留一些公开资料。在相关已经见诸报端的媒体文章引用方面，我们也只引用了《上海证券报》《中国证券报》等官媒文章，一些市场化媒体的相关文章都没有引用。

我们是周六发布文章的，在发布之前还把稿子给律师看了，律师说可能会被封号甚至起诉，但我们还是冒着风险发了这篇文章，发表之前我们团队几个人都反复检查几遍，检查其中是否有任何不符合事实或者没有公开信息来源的信息，最终中午12点才正式发出来，这篇文章到晚上9点被删掉，活了8—9小时，8—9个小时内的阅读量就有700万—800万。我们当时也很震惊这篇文章能产生这么大的影响。做新媒体就是这样的，每次发表文章后，你在后台可以看到它的增长态势，我们这篇文章20分钟后的阅读量就达到了10万+，经过不断转发后，文章的阅读量呈几何式增长。我们当时在文本操作时也用了比较接地气的表达方式，但对于比较严肃的话题，我们不太会去用特别调侃的语言表达。

因为担心这篇文章发出来会有风险，整个过程我们也很忐忑，下午2—3点钟康泰生物那边就有公关联系我们删稿，但我们一直没有做出任何回应，到晚上被平台方删稿之前接到了360的律师函（由于文中有一句关于360的调侃）。但第二天总理就发话了，第三天习大大也发话了，我们才觉得事情没有我们想象的这么糟。此后，我们对从事公众号内容创作也变得更有信心了。我们3个人之前都各自有工作，公众号只是兴趣，业余时间写写，但这个事情之后，我们每个人都全职做公众号，传统媒体熏陶出来的共同价值观把我们凝聚起来并坚持做公众号。我们开始觉得，我们在做的事情前途是光明的，但是道路不一定是那么曲折的，哪怕现在监管的形势越来越严峻，相比之前的传统媒体，在公众号这个平台，我们摆脱了很多限制，起码我们拿到疫苗这种题材的时候，还没有给我们下发通知或者有公司说找我们投了广告就不能写它们的负面新闻，我们在这块的空间比原来大得多。

除此之外，我们的体裁相较于以前传统媒体有了更大的发挥空间。现在体裁的翻新对我们来说确实挑战更大了，读者对我们的要求也更高了，所以，我们在每篇文章的操作上确实要花更多的心思。以前我们在传统媒体不太会去做的一些形式，现在在新媒体发挥的空间更大了。在文本方面，我们也是不断推陈出新，除了想着如何写好稿子，我们也在想如何让读者每天看到不一样的内容，这个其实是我们现在花精力最多的地方。

以前我们经常被人家说是“野路子”之类的，但以《给你一个五星级的家》这篇文章为例，这是写碧桂园在上海和江苏工程事故的一篇文章，作者当时去当地待了几天做采访，回来又给工程方面的专家打了好多电话，然后才写出来这样一篇文章。所以对我们来说，还是在做传统媒体所做的事情，只不过我们把平台换到了新媒体上，而且读者是很愿意读我们文章的，因为他们觉得我们写得相对有趣，有些读者看到我们公众号之后感觉像发现了新大陆一样，不停翻我们以前的文章，有一个粉丝给我们留言，他看我们以前的文章看了一个通宵，说看我们的稿子觉得太爽了，这其实对我们来说是一种巨大的鼓励。

最后我还想说的是，我们在发表《疫苗之王》一个星期之后，某中央主流媒体就跟我们联系了，问我们对自媒体行业有什么希望，我给他们的回答：希望能给我们多一点空间，我们其实就是中国普通公民，关心所有与我们这个社会进步有关的大小事件，我们希望国家能发展得更好，中国梦能尽早实现，我们也相信未来我们能做得更好。谢谢。

（演讲者张愎，“兽楼处”联合创始人）

案例分析

机构媒体、随机新闻行动与新闻业的角色流动

——“兽楼处”《疫苗之王》等案例分析

引言

在专业化传播和社会化传播并存的当下，专业媒体、机构媒体、自媒体和平台媒体四类行动者共同构成中国的新新闻生态系统。技术革新降低了公共传播的门槛，社交媒体的介入让行业机构和独立个体都成为信息生产者。新闻生产与传播亦不再由传统的专业媒体垄断，新闻行动者的边界日益模糊。与此同时，过去由传统媒体发起和主导的舆论监督转变为多元行动者共同参与的社交传播型舆论监督。不同新闻行动者以专业化媒体报道和社会化传播交织的方式，在当下媒体生态环境中进行着角色流动、多元节点的新闻实践，呈现了数字新闻业杂糅性（hybridity）、液态化的图景。

近两年来，以特定机构或行业信息传播为对象的垂直机构媒体屡次凭借原创性新闻报道获得广泛关注。本文选取了四个引发舆论关注的热点事件及报道文本为研究对象，分别为自闭症行业媒体“大米和小米”的《16岁自闭儿子深圳失踪，118天后死于韶关新丰福利院》（以下简称为“雷文锋事件”）、教育类媒体“芥末堆”的《求职少年李文星之死》（以下简称为“李文星事件”）、财经类媒体“兽楼处”的《疫苗之王》（以下简称为“假疫苗事件”）和医疗健康类媒体“丁香医生”的《百亿保健帝国权健和它阴影下的中国家庭》（以下简称为“权健事件”），旨在分析垂直机构媒体对四个案例报道的特征，探讨该类型媒体随机新闻行动的动机、过程和效果，并继而分析新媒体语境下的新闻业的角色流动。选择这

四个案例的原因在于它们均是由具有行业影响力的垂直机构媒体发布的新闻报道，有着相似的新闻生产策略，产生了广泛的社会反响，并推动了各自行业或领域的重要变革，具有代表性。

表5-2-1　四个热点事件基本信息

媒体名称	大米和小米	芥末堆	兽楼处	丁香医生
媒体类型	自闭症类	教育类	财经类	医疗健康类
作者	大米和小米	天一、吉吉	兽爷	曾鼎、刘璐
报道标题	16岁自闭儿子深圳失踪，118天后死于韶关新丰福利院	求职少年李文星之死	疫苗之王	百亿保健帝国权健和它阴影下的中国家庭
发布时间	2017年2月15日	2017年8月2日	2018年7月21日	2018年12月25日
核心事件	2016年8月至12月，深圳自闭症少年雷文锋意外离家走失，被送进东莞救助站后转移到韶关新丰福利院，最终死亡	2017年7月，大学生李文星求职时因BOSS直聘平台误入天津“蝶贝蕾”传销组织，最终死亡	长生生物、江苏延申、深圳康泰等疫苗公司发展历程及历年疫苗造假事件	2015年，4岁患癌女孩周洋因服用权健药物病情恶化而死亡，以及天津权健公司虚假宣传保健食品和医疗服务事件

垂直机构媒体的随机新闻行动

垂直机构媒体主要面向特定机构或特定行业的分众化人群，发布本机构或行业的资讯。垂直机构媒体聚焦于行业信息传播，以内容创业为主要目的，以持续性商业利益为诉求，并不具备原创性新闻的采编权。然而，“雷文锋事件”等表明，商业性质的垂直机构媒体也能够发布原创性新闻报道，甚至能引发舆论热潮。从报道文本来看，垂直机构媒体发布的新闻报道兼具传统深度调查报道和互联网时代的叙事传播特征。

（一）报道议题与垂直机构媒体所处行业一致，且关乎公众利益

从报道议题和垂直机构媒体属性的联结来看，垂直机构媒体发布的新闻报道与其自身所关注的特定行业或领域相一致。对“大米和小米”而言，大众较少关注的自闭症少年雷文锋是其不可忽视的报道对象。自2014

年创立以来，“大米和小米”从自闭症知识科普平台迅速发展为自闭症康复领域的专业媒体平台，以自闭症儿童及其家长为主要目标受众。“芥末堆”关注大学生李文星求职遭遇的原因在于，“芥末堆”专注于传播教育行业信息，他们对“教育”领域的界定涵盖毕业年轻人求职的范畴。同样，作为提供医疗健康服务的媒体平台，“丁香医生”对于权健公司的保健品、火疗服务等问题的报道符合其医疗健康科普的定位。虽然财经类垂直媒体“兽楼处”平时主要发布房地产相关内容，但由于长生生物假疫苗事件也属企业违规行为，也是“兽楼处”关注的财经领域。

垂直机构媒体报道对话更宏观的社会议题，诸如社会救助体系、大学生求职与传销、疫苗、保健品等，在报道选题上不仅体现出自身领域的专业性，而且能够与公共领域社会公众的切身利益紧密关联，因而比较能够引起舆论关注。垂直机构媒体拥有优异的新闻选题挖掘能力，究其原因，在于其长期观察所在行业动态发展，对特定行业了解远胜专业媒体，对所处行业发生的社会议题更加敏锐。

（二）采用直接信源或进行实地调查，新闻原创度较高

从报道信息来源上看（详见表5-2-2），除了《疫苗之王》以外，其他三篇调查报道均涉及对新闻人物的多方采访和实地调查。“大米和小米”在采访雷文锋父亲的同时前往东莞救助站进行调查。“芥末堆”对李文星多位亲友进行了采访，并到达事发现场（发现李文星的水坑），从多个视角还原了李文星的求职过程，而且对涉事公司进行了事实核查工作。

“丁香医生”的采访对象更为多元，包括受害人的亲友、原主治医生、律师、权健经销商等。不仅如此，“丁香医生”还参加了天津权健总部的一场招商会，实地观察权健商业模式下经销商们的狂热表现，这场招商会持续了两天一夜。根据“丁香医生”的调查手记，他们对于个体故事的判断不会只采用单一信源，而是基于当事人、医生、律师、司法判决书等多方印证，甚至对一些证据进行了公证。由于掌握诸多证据，“丁香医生”在面对权健公司的诽谤声明和律师函时，给予了强硬的回应——“不会删稿，对每个字负责，欢迎来告”。

尽管《疫苗之王》没有实地调查的内容，但并不影响文章的质量。作者搜集了长生生物等疫苗公司年报、国家药监局等政府部门通告以及权威

媒体关于长生生物等疫苗公司的报道，以翔实可靠的文献信源支撑了文章的可信度与真实性。

由采访当事人获取直接信源，或实地调查获得一手资料，或依靠长期对特定行业的观察分析，提高了相关文章的新闻原创度和可信度。垂直机构媒体借助多种信源获取信息的目的不只是呈现客观事实，更为重要的还在于揭示表层事实背后复杂的社会问题，逼近深层真相。

表5-2-2　四篇报道部分信源列表

报道文本	主要信源
《16岁自闭儿子深圳失踪，118天后死于韶关新丰福利院》	［受害者亲属］ 父亲雷洪建 ［涉事机构］ 东莞救助站
《求职少年李文星之死》	［受害者亲属、朋友］ 1.高中同学丁页城 2.同村大哥李刚毅 3.妹妹李文月 4.同村发小李昊阳 5.大学同学陈栋 ［涉事机构（企业）］ 1.北京科蓝软件系统股份有限公司 2.BOSS直聘
《疫苗之王》	［涉事机构（企业）］ 长春长生生物、江苏延申、深圳康泰等疫苗公司的年报 ［政府官方信息］ 国家药监局等政府部门通告 ［其他媒体］ 权威媒体报道
《百亿保健帝国权健和它阴影下的中国家庭》	［受害者亲属及相关人员］ 1.周洋的父亲周二力及主治医生 2.火疗烧伤事故受害人及其律师 ［政府/法院官方信息］ 1.赤峰市松山区人民法院判决书 2.蛟河市人民法院判决书 3.药监局和工商部门网站 ［涉事机构（企业）］ 1.权健经销商 2.权健宣传材料 3.权健公司创始人束昱辉的传记《生命的代价》

（续表）

报道文本	主要信源
《百亿保健帝国权健和它阴影下的中国家庭》	4.权健公司官方网站 5.权健官方客服电话 6.权健昱盛体系招商会现场 ［其他媒体、信息渠道］ 1.“反权健吧”百度贴吧 2.“权健传销揭秘”QQ群 3.直销行业杂志《知识经济·中国直销》 4.天眼查 5.《新京报》和央视新闻相关报道

（三）注重个体视角的叙事，强化个人命运与社会治理的关系

从报道手法上看，垂直机构媒体发布的新闻报道聚焦雷文锋、李文星、周洋等个体的偶发性事件，呈现自媒体的叙事风格，注重从个体视角讨论公共事件。

“大米和小米”的报道以父亲雷洪建的视角叙述雷文锋的走失和寻找过程，“雷洪建忽地冒出一身冷汗”“寝食难安”“泣不成声”等语句描绘出了焦急悲伤的失子父亲形象。“芥末堆”借助李文星亲友的回忆与口述，主要通过倒叙还原李文星的求职过程：即使曾经怀疑对方的身份，心存疑虑的李文星仍然选择前往天津应聘，急于找到工作的心理让李文星最终还是被骗入传销组织。李文星误入传销之后的言行与亲友们记忆中的李文星大不一样，从不借钱的李文星到天津之后半个月借了三次钱，人物形象的冲突从侧面展现传销组织对受害人的控制。

“丁香医生”则选取了典型的周洋案例为切入点。周洋父亲为了使患癌女儿免受化疗之苦，让女儿服用权健公司的抗癌药品，中断医院治疗，不料女儿病情恶化，最终没能挽救回来。当周洋深受病痛折磨时，权健公司却在网络上大力宣传周洋因权健重获新生。周洋父亲将权健告上法庭，却输了官司。周洋的微弱渺小和权健的强势庞大的对比突显权健公司的虚假宣传给这些家庭带来的伤害。

从雷文锋走失死亡与存在漏洞的社会救助体系、李文星求职误入传销组织与盘踞天津已久的传销组织、周洋病情恶化与涉嫌虚假宣传的权健公司可以看出，个体偶发的悲剧性事件本质上是社会治理体系缺失之必然，

垂直机构媒体报道强化了个人命运与社会结构的呼应关系。同时，相较于其他从社会宏观层面对焦点舆情事件进行客观还原和整体叙事的报道，这四篇文章更强调从个体层面的微叙事关注普通公众的个体遭遇，报道文本的叙事细节、表达口吻、人物情感和个体故事都更易于打动读者，唤起读者的怜悯之心或激发公众的愤怒情绪，促使社交转发和广泛传播。

（四）具有明确的价值指向与问责对象，有助于形成网络舆论

垂直机构媒体在这些报道中一般都有明确的价值指向与问责对象，表现出比较鲜明的立场。雷文锋事件一文的最后，“大米和小米”直接写道：“我们无法不提出愤怒疑问：东莞救助站和新丰福利院在收到孩子的三个多月里，是否存在重大渎职行为？是什么导致他们一直没有积极帮助寻找孩子父母，而导致孩子死在他乡？”文章附录的大米采访后记中，大米（姜英爽）继续追问东莞救助站：“请问在这三个月里，你们为孩子做了什么该做的？如果救助站负责，是否这条生命不应该这样消失？而我觉得更值得深思的是：我们到底怎样才能维护自己孩子的权利？而各地救助站里还有多少这样的孩子？”六个问句直指东莞救助站和新丰福利院的救助工作，从雷文锋个体事件延伸到社会救助体系。作者的愤怒之词实际上也在呼唤公众情感共鸣，并试图影响公众的态度。

“芥末堆”在文章中指出，李文星事件并非个例，他代表着刚刚步入社会的大学毕业生群体，“他们往往社会阅历浅，并且急于找到一份工作在大城市生存下去，对招聘者缺乏警惕性并且不能识破骗局”。李文星事件背后的网络招聘骗局和盘踞于天津静海区多年的传销组织“蝶贝蕾”才是“芥末堆”真正想要反映的社会问题，目的是引起社会公众的警惕。

“丁香医生”把权健公司比作保健帝国，“在帝国的食物链里，参与者不仅搭上钱财，更有人烧伤、致残，甚至丢了性命”，短短一句话概括出权健公司的危害性。“我们很想知道，数千万使用权健产品的人里面，有多少危重病人？权健的经销商是如何向他们推销这些保健品和食品的？”“他们有没有像小周洋一家一样因相信权健公司的产品而中断了医院的正规治疗？有没有耽误了病情？”与“大米和小米”类似，“丁香医生”同样以追问的方式直接质疑权健公司的产品及医疗服务的可靠性。“周洋的父亲无时无刻不在后悔”“气不过的父亲把这个价值百亿元的保

健帝国告上法庭”“痛悔终生的决定”等描写既表现出周洋父亲的伤痛之心，也强化了权健公司对消费者的迫害，激发公众对权健公司的指责。

“兽楼处”的文章直接指向不那么引人注目但存在利益链条的疫苗行业。兽爷分析，现有的专业财经媒体文章风格不符合移动互联网的传播规律，这是长生生物假疫苗新闻没有引起广泛关注的部分原因。《疫苗之王》沿用了“兽楼处”一贯的风格——语言老练，伏笔精妙，文风谨慎。标题“疫苗之王”一语道破高俊芳、韩刚君和杜伟明三位占据中国疫苗半壁江山的企业负责人的显著地位，简洁有力又设置了悬念，吸引公众阅读。“他们生产的疫苗，每天都源源不断，注入你和你孩子的身体中。”文章开头的这一句点明长生生物等疫苗公司与普通公众的联系，提高假疫苗新闻与公众的接近性，由此引发公众的恐慌情绪。“都是天才。生子当如防疫员。”“兽爷就是租了个摊位卖煎饼的。这些数字是什么意思，我是一点都看不懂的。”“穷病真的是没法治的？”兽爷言语间的冷幽默在表达自嘲情绪的同时，引导公众思考疫苗公司发展历程当中的不合理之处。

总体而言，垂直机构媒体的新闻报道有着相似的生产策略，即将个体的新闻事实置于复杂的行业状况之中，将个人故事延伸至社会问题，触及社会公共治理的关键议题，通过传统深度调查报道的操作方式获取信息，并以符合互联网时代传播特征的个体视角微叙事和相对情绪化的表达方式传播信息，激发公众情绪的同时动员网络舆论，进而实现网络舆论监督。

垂直机构媒体及其网络舆论监督方式

基于对四个舆情事件发展过程的分析，笔者发现垂直机构媒体参与的网络舆论监督存在两种实现方式。

（一）垂直机构媒体提供首发信源后引发专业媒体跟进调查

“知微事见”数据显示，2017年8月2日早晨7点，“芥末堆”发布李文星事件的调查报道后，新浪、网易等商业网站最先转载全文。当天傍晚开始，《中国新闻周刊》、财经网等专业媒体在微博上发布天津静海警方确认2017年7月14日发现李文星尸体的新闻，《人民日报》《广州日报》等党媒也在微博上发布由北京时间记者证实的李文星相关消息。专业媒体的加入使得李文星事件在8月2日晚开始有了热度。8月3日，大量专业媒体介入报道，集中在对招聘网站BOSS直聘的问责上，李文星事件的传播趋势迅速达到顶峰，成为全民关注的热点事件。这一天，涉事公司BOSS直聘及北京科蓝公司对事件进行了回应，天津市公安局通报针对事件展开调查。8月4日，专业媒体转移主要目光至传销组织“蝶贝蕾”，李文星事件继续发酵，天津市政府则在8月5日开始宣布传销整治系列活动。

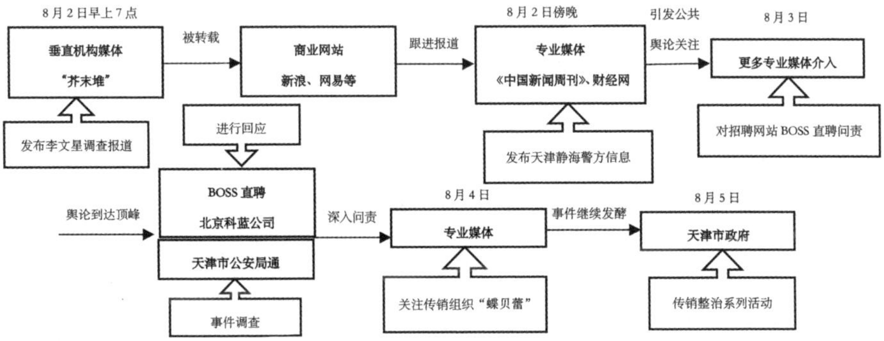

图5-2-1　垂直机构媒体报道引发网络舆论监督的过程

“芥末堆”在采访中谈到，最初是在微信朋友圈发现李文星家属发布的信息。其主要采访对象为李文星亲友，而事件中涉及的BOSS直聘、警方、传销组织等则由专业媒体跟进。“芥末堆”后期在其网站发布的最新进展也是转载第一财经、《新京报》等专业媒体的报道。

尽管雷文锋事件的首发媒体是“大米和小米”，但使其获得广泛关注的是《新京报》发布的《一个自闭症少年的死亡之路》《新丰县练溪托养中心调查》等系列报道。《新京报》完整地揭示了自闭症少年雷文锋离家走失，误入民政救助系统，最终在托养中心死亡的全过程，采访对象和消息来源更加多元，报道也更加平衡与全面，这是对最先披露雷文锋事件的“大米和小米”的报道接力。

垂直机构媒体提供首发信源或基本事实后，专业媒体反应迅速，核实信息，参与调查，不断跟进和补充信息，这种报道接力是网络舆论监督形成的关键。

（二）垂直机构媒体发布单篇报道形成广泛舆论动员

垂直机构媒体有时并不是舆情事件的首发者，而是舆论的引爆者，长生生物假疫苗事件便是典型案例。《疫苗之王》出现的六天前，2018年7月15日，包括每日经济新闻、《新京报》、财新网、人民网等诸多专业媒体，就及时报道了国家药品监督管理局发布的通告，内容为长生生物存在狂犬病疫苗生产记录造假等问题。但从“知微事见”数据的传播趋势来看，前期假疫苗事件没有引起公众的广泛关注，可见专业媒体的报道并没能产生很高的影响力。

直到7月21日《疫苗之王》的出现引爆了舆论。兽爷发出推送后的第一个小时，《疫苗之王》的阅读量就超过了200万。7月22日中午，微信公众号“人民日报评论”发表文章《一查到底，方可纾解疫苗焦虑》，微信公众号“人民日报”发布《“疫苗事件”持续发酵，长生生物25万支劣药今何在？》四问长生生物百白破疫苗旧案，追问问题疫苗的去处。《人民日报》的文章引发诸多媒体转载，将假疫苗事件推至新的传播高潮，而事件的传播顶峰出现在7月23日，源于国家领导人习近平总书记和李克强总理对吉林长春长生生物疫苗案件做出重要指示和批示要求，国务院调查组将对疫苗行业进行彻查。2019年2月，长生生物被深交所确定实施重大违法强制退市，成为A股史上首只重大违法退市股票，假疫苗事件相关责任人被严肃处理。

“兽楼处”以故事化和通俗易懂的语言向公众阐释疫苗行业的利益链，引导公众意识到假疫苗事件的严重性。垂直机构媒体的介入引发了广泛的舆论动员。尽管专业媒体报道的影响力小于《疫苗之王》，一定程度上存在舆论动员功能“失灵”的现象，但不可忽视的是，专业媒体尤其是权威媒体对于疫苗公司的报道是《疫苗之王》的重要信息来源，舆论动员也离不开专业媒体的持续跟进和补充。

权健公司涉嫌传销的新闻早已有之，然而非议不断的权健依然发展得风生水起，直到“丁香医生”团队将他们推向舆论的风口浪尖。“丁香医生”和“丁香园”选择首先在各自的微信公众号上发布筹划已久的权健报道，紧接着在微博上转发文章，搜狐、凤凰网等商业网站随即转载全文。专业媒体澎湃新闻向权健公司求证报道后发布权健回应诽谤的新闻。第二天，2018年12月26日，对于权健公司的诽谤声明，“丁香医生”做出“不会删稿，对每一个字负责，欢迎来告”的回应，语气之坚决强化了稿件内容的真实性。这一天，大量专业媒体参与报道，权健事件达到传播顶峰。政府部门也迅速对此事做出了回应：2018年12月26日，国家市场监督管理总局发布《市场监管总局关于进一步加强保健食品生产经营企业电话营销行为管理的公告》；12月27日，天津市政府新闻办公室官方微博@天津发布发文称，已经成立联合调查组，进驻权健展开调查；12月29日，联合调查组发现天津权健公司部分产品涉嫌存在夸大宣传问题。2019年1月，权健公司束昱辉等16人以涉嫌组织、领导传销活动等罪被批捕。

作为《百亿保健帝国权健和它阴影下的中国家庭》《疫苗之王》的首发平台，微信是以社交连接为核心功能的平台媒体，依托其信息流动特征、传播扩散和网络动员的功能，信息的即时传播可以产生核裂变效应。基于社交媒体平台的互动属性，用户在获取信息的同时更多地参与传播，从而进行互动式的传播。公众在社交媒体上的参与讨论无疑是事件发酵和舆论监督中的重要部分。微博、微信等社交型平台媒体始终担任着信息传播和互动讨论平台的角色。

新媒体语境下新闻业的角色流动

中国新新闻生态系统是一个动态变化的系统，不同类型的媒体行动者并非完全隔离，而是存在着角色流动现象。这种角色流动，既带来新闻行动和实践逻辑的新特点，也增加了新闻业公共性表现的不确定性。

（一）垂直机构媒体作为“舆论监督者”的角色流动

在雷文锋等舆情事件中，垂直机构媒体既发挥了专业媒体的社会动员和舆论监督功能，又扮演了自媒体为草根发声的角色，呈现出了自媒体的叙事属性，实质上进行了从机构媒体向专业媒体、自媒体角色流动的特征。

媒体的角色流动映射了新媒体语境下舆论监督权的局部流动。传统的舆论监督曾长时间以政府和媒体为主导，媒体代表民众进行监督和批评。有学者认为，那是舆论监督的媒体霸权时代，媒体发出并控制监督。舆论监督的权力主要掌握在政府和媒体手中，公众的话语表达受到传播技术的掣肘。与之相比，互联网时代舆论监督的空间范围无限拓展，监督门槛大幅降低，监督限制不断减弱。也有学者指出，“社交媒体时代，媒介技术的更迭催生舆论监督发生质的嬗变”。公众无须依赖传统媒体即可发出自己的声音，舆论监督权力主体愈加弥散。

网络舆论监督具有事件性、运动式特点，舆论在短时间内快速发酵，动员社会共同关注热点事件，其目的在于推动政府或企业做出回应与改变。舆论的引发者不再囿于传统的专业媒体，体制外媒体的介入改变了专业媒体主导舆论监督的固有格局，从政府和媒体主导回归到以公众为主体，一定程度上形成自下而上监督市场权力运作的公共领域，从而对传统舆论监督的权力结构有所改变。

（二）专业新闻工作者作为“内容创业者”的角色流动

非专业媒体发布原创性新闻报道常会被质疑其专业性，这源于人们对作者的新闻专业素养的质疑。然而在这些案例中，相关报道文章之所以能够引起广泛影响，与文章作者本就是出身于传统媒体或接受过新闻教育的人是分不开的，他们在选题的挖掘和报道文本的撰写等多方面均体现出了新闻工作者的专业素养。

“大米和小米”的创办者姜英爽毕业于复旦大学新闻学院，曾先后在齐鲁晚报、北京电视台和南方都市报工作。作为南方都市报的首位首席记者，姜英爽屡次获得南都新闻奖人物报道类金奖。她在采访中谈到，虽然离开了媒体，但并没有脱离新闻，新闻嗅觉促使她决定调查雷文锋事件。经过传统媒体长期训练的她在垂直机构媒体的新闻报道中延续了媒体的操守和操作原则。《新京报》的雷文锋系列报道也有赖于姜英爽提供的新闻选题、新闻人物的联系方式、死亡证明及其他关键消息源。姜英爽对《新京报》的采访突破起到关键性作用。

“兽楼处”的创办者兽爷，本名为张育群，2011—2014年间供职《南方周末》经济部记者，现任界面新闻地产版块总监。国家药监局发布公告当天，兽爷便意识到假疫苗事件的严重性，“这件事，不应该就这么过去”，但遗憾的是，他没有等来有影响力的媒体报道，于是决定亲自操作该选题。从7月19日开始研究疫苗行业，7月20日完成初稿，到7月21日发推送，兽爷撰写《疫苗之王》只用不到三天的时间。在如此短时间内，完成疫苗公司的年报分析、公司发展历程的梳理、《疫苗之王》文本的撰写等工作，无不彰显兽爷的资深记者功底。

此外，“芥末堆”团队也有不少人出身新闻专业。《求职少年李文星之死》作者天一曾任京华时报和腾讯科技频道记者，另一名作者吉吉出自南方的传统纸媒，曾任某日报经济部记者，两位均毕业于湖南大学新闻学专业。

可见，多年的记者经验使得机构媒体作者在新闻敏感度、资料搜集和分析能力以及写作能力等方面具备了一定的优势。离开专业媒体的他们仍然保持着关注事实、报道真相和服务社会的动力，在各自领域内以内容创业者角色进行内容生产、产品运营和企业经营，一旦触及具有公共价值又符合其行业定位的题材、事件和人物，他们就以新闻人的专业和敏锐完成高质量和大影响力稿件的撰写和传播。

有学者指出，随着互联网在中国舆论生态的地位日益重要，许多传统媒体的资深从业者会选择加入互联网媒体，这是一种正常的新闻记者职业流动现象。新闻人的职业转型并没有让他们丢失过往的新闻理想与新闻工作技能。新闻工作者从专业媒体转向垂直机构媒体，这一流动赋予垂直机构媒体进行原创性新闻采编工作的专业能力，而不再局限于行业资讯类内容的发布。同时，部分从传统媒体流失的调查记者在新平台上继续做着专业记者的工作，这也是新闻工作者向内容创业者、公共传播者的角色转变。

结语

有研究者借用并延伸了齐格蒙特·鲍曼（Zygmunt Bauman）在《流动的现代性》（*Liquid Modernity*）一书中使用的“液态的”（liquid）概念，用“液态的新闻业”（liquid journalism）来概括当今新闻业在新传播形态下的变化特征，指出新闻的用户或消费者同时也是公共信息生产者，新闻生产体现为职业记者和公众共同参与的动态实践，媒介机构不再是新闻事件的唯一阐释主体。人类新闻活动亦因互联网和新兴媒体传播的发展而初步开启了职业与非职业的新闻传播共同主体的时代。身处当下语境，垂直机构媒体的随机新闻行动及其引发的网络舆论监督正在参与中国新闻业结构的变化与再造。随机新闻行动背后的社会、技术、文化、国家等影响因素亦对其存在着复杂的作用机制。

（一）新闻生产和真相传播的两种情境

对于商业性的垂直机构媒体而言，报道公共事件体现了机构媒体的公益属性。姜英爽、兽爷、“芥末堆”和“丁香医生”团队等在访谈中提到，发布报道的动机在于引起社会关注、推动社会进步，垂直机构媒体具有的新闻生产和议程设置意识其实还关乎着两种情境：

其一，选题的影响范围超乎个人或行业，实为具有重大意义的社会议题。姜英爽认为，雷文锋的死亡并不是一个个体事件，而是一个必然的群体事件，折射出救助站和托养中心的各种问题，希望看到政策进步。涉嫌虚假和夸大宣传的“保健品”需要多方力量共同整治，而“丁香医生”发声的初衷则在于揭露行业现象，传递真相及正确信息。

其二，选题未引起专业媒体关注或专业媒体报道没有引起公众重视。在两家传统媒体了解过却没有选择跟进的情况下，“芥末堆”编辑部意识到，如果没有媒体跟进，李文星事件将很难引起社会关注。面对专业媒体对假疫苗事件的报道影响力较小的现实情况，兽爷在微博上回应，写《疫苗之王》是希望公众意识到疫苗造假的严重性，并且共同推动有关部门解决问题。

当选题自身的重要性与其应产生的外部影响不成正比时，垂直机构媒体观察到其中的不合理性，由此推动了专业媒体和自媒体所拥有的真相传播意识。

（二）随机新闻行动对于新闻业格局和功能的影响

垂直机构媒体的随机新闻行动及其引发的网络舆论监督呈现出数字新闻业的真实变化和全新特征。多元行动者的互动融合模糊了新闻行动者的边界，依托社会性媒体提高报道可读性、影响力。垂直机构媒体对弱势群体的个案故事的采访，借助对所在行业的长期观察和了解，采取相对感性化、情绪化的方式表达，以及对重大问题的直接批评、监督和问责，由此以相对“低成本”完成了过去传统媒体“高成本”的舆论监督。在数字新闻业语境下，权威与业余的界限日益模糊，专业媒体的垄断优势正在被打破。

在传统媒体舆论监督衰落的同时，垂直机构媒体偶发性舆论监督在兴起，传播范围更广，传播速度更快，社会动员力度更大。技术驱动下的舆论监督主体回归趋势，则意味着传统媒体时代自上而下的舆论监督已经遭遇来自体制外的结构性挑战，传统专业媒体舆论监督权力被消解的同时，舆论监督话语主体的多元化也正在重塑中国新闻业的传播业态，新的新闻行动者给舆论监督带来的嬗变也逐步推动社会治理体系变革。只有网络媒体全面且高质量地融合传统媒体的舆论监督功能，吸引更多具有公权力的主体，新媒体才会在舆论监督中全面、彻底地发挥自身功能与作用。

（三）随机新闻行动背后的影响因素

随机新闻行动产生于社会环境中，自然无法脱离社会因素的影响。经历了数十年令人瞩目的经济发展后，中国的现代化进程中仍然存在诸多未解决的社会问题，转型期的社会矛盾比较复杂，由矛盾引导出的焦虑和恐惧弥漫在一些社会群体中。无论是大学生群体对职业发展的追求，还是父母对孩子健康的关注，都反映了当下社会普遍关切的社会保障、医疗保障等社会问题，也体现出公众更加重视“美好生活”的社会心态转变。同时，随着我国公民意识的日益增长，人们愈加关注自身所处环境，对周遭的社会问题更为敏感，亦更容易感到焦虑。新媒介技术的发展则为人们缓解情绪压力、进行公共传播与舆论监督提供了便捷的渠道与平台。

尽管四个案例中公共事件报道的广泛传播为机构带去了不少流量，引起公众的广泛讨论和关注，并以此显著提高了机构的声誉度，但是垂直机构媒体在报道选题过程中也面临不小的压力。一方面，机构可能会因此遭遇企业的诽谤声明，例如“丁香医生”曾收到权健公司的律师函以及严正声明；另一方面，机构媒体也可能因为触及敏感的社会议题而使长期运营的账号面临关闭风险。兽爷与其同事讨论是否介入假疫苗事件时也曾颇为犹豫，“写这种话题，后果可能很严重”，但他们最终还是选择了报道。不过，在机构利益和社会利益之间，四个机构媒体选择了后者，当然，社会利益的担当和实现对其机构利益也同样具有增进和回报。

此外，垂直机构媒体的随机新闻行动因采访资质的缺失和网络信息控制面临约束和挑战。“大米和小米”没有选择继续跟进雷文锋案的原因在于，姜英爽发现此事过于复杂，应该由传统媒体介入，缺乏采访资质且缺少专业媒体组织的支持和保障可能会给机构招来麻烦。兽爷之所以没有选择去实地调查长生生物工厂，是因为“我们不是媒体，没有采访资质”。

报道存在的不平衡、无法持续跟进等问题正是受采访资质的掣肘。

互联网政策规制对垂直机构媒体信息必然存在管理职责和审查机制，机构媒体报道和媒体舆论监督也需要符合国家互联网治理体系的管治。同时，国家对移动互联网平台上的内容管理正在不断强化和规范化，这也使得新媒体催生的新新闻业朝着更加合法、规范的方向发展。总而言之，随机新闻行动并非孤立存在，诸如社会、技术、文化、国家等多维度影响因素在其背后交织，这些复杂因素也在很大程度上增加了垂直机构媒体及其随机新闻行动的不确定性。

（作者张志安，中山大学传播与设计学院院长、教授；王惠玲，中山大学传播与设计学院2018级新闻与传播硕士研究生）

专家点评

“兽楼处”团队的专业与担当，设立时代标杆

微信公众号“兽楼处”团队源自第一财经日报、南方周末、经济观察报等传统媒体，传统媒体熏陶出的共同价值观使他们聚合在一起，勇敢地拥抱时代、转型新媒体。在这个追逐速度与点击量的新媒体时代，“兽楼处”团队所运营的公众号并未进行常规化更新，而是沉着纯粹、无畏时间，以工匠精神仔细打磨文章。更值得称赞的是，“兽楼处”团队不仅多次产出10万+优质作品，而且敢于承担社会责任，在专业、敏感的选题面前勇气可嘉。《疫苗之王》作为“兽楼处”团队用心输出的精品之作，为读者揭开了21世纪初国有疫苗产业体制改革及疫苗生物安全等重大问题的神秘面纱，以极强的传播力引发全民关注，并且引领社会舆论。“兽楼处”团队是传媒业内容创新与传播环节创新的践行者，相信随着“优质内容”商业价值与社会价值的快速凸显，该团队还将有长远的发展空间，并为传媒创业时代设立一个内容标杆。

（作者曾繁旭，清华大学新闻与传播学院副教授）

06 侠客岛

以人民日报海外版“侠客岛”为代表的政务新媒体，聚焦时事新闻，以民众喜闻乐见的形式及时解读涉及国计民生的各类政策，并发布公众广泛关注的重大事件的权威信息。在主流价值传播层面，坚持“内容为王”的信息传播理念，既能针对网民喜好，巧妙运用互联网思维全面创新舆论宣传方式，又能在重大、敏感和各类突发事件发生后，站在党和政府的立场上旗帜鲜明地进行报道、分析与解读，较大程度地满足了我国民众对时政新闻的强烈渴求，实现了网络舆论宣传模式的不断创新。

主题演讲

人民日报海外版微信公众号“侠客岛”

尊敬的各位领导、陈会长、李老师，还有学界的各位专家学者，业界的各位前辈老师，在座的新闻系的学子，大家上午好！

我是“侠客岛”的申孟哲，很荣幸今天能够代表“侠客岛”到上海领奖。说实话，拿到这个奖，我的激动程度可能不亚于拿到“中国新闻奖”，因为虽然我们创始团队里有陈昌凤老师的高足，但团队多半不是新闻科班出身，包括我。“不专业”的人拿到专业的奖项，对我们既是褒奖和肯定，更是激励和鞭策。我就不问在座的各位有多少人知道“侠客岛”了，因为我知道很多95后小朋友可能不爱看时政新闻。作为党报时政记者，我们对此有充分清晰的认知。但我希望大家听了今天的报告后可以关注一下我们，或者对时政新闻产生一点点兴趣和热爱，甚至以后可能成为忠实的用户。

“互联网舆论场内的党报轻骑兵”，这是中国共产党中央委员会宣传部2014年给我们的评价。创办到现在四年多以来，可以用这么一句歌词形容，即“出道四年，梦未改变”。

“侠客岛”是2014年成立的，是以时政解读为专业主线的新媒体品牌。它的主阵地是微信公众号，在一些流量平台上也有开分店，是内容的提供商、生产者。

说实话，2015年时我有点后悔选择了这个门类，因为当时第三方数据统计公司告诉我们，全中国有两千万个微信公众号，按照内容分成“养生”“八卦”“娱乐”“情感”等。在这些品类里，时政新闻的活跃程度、流量获得、粉丝黏度排在倒数第二位。在这么一个悲惨的行业内，我们活得还算不错。在这四年里，我们比较稳定地在微信上产出了

“10万+”，也持续占领国内第一舆论阵地，并且在海外舆论场上产生了广泛影响力；据第三方公司统计，它的传播力超过了99.69%的公众号。但这都不重要，其实重要的是什么呢？

我进入人民日报海外版时是做纸媒记者。一个纸媒人为什么会去做新媒体？其实疑惑来自“纸媒的报道有多少人看”。在传统的传播格局里，传播力和影响力是很难精准统计的。纸媒人常常会自嘲两种境地：一种是“写谁谁看”，报道了谁，只有被报道对象看，传播力很有限；更惨的是“谁写谁看”，只有作者看，没有传播力。

坦白讲，现在做传统媒体都需要情怀和坚持。很多人进入媒体行业，过早地熬掉了头发，累垮了身体。但是，谁没有一颗“爆款”的心呢？我们都希望自己对社会、舆论场产生理性的作用，做出有建设性的贡献。如果不拥抱新媒体时代，是很难做到的。

在我看来，新媒体对传统媒体最大的冲击莫过于两点：

一是平台。“侠客岛”四年间全网用户量过千万，在传统主流媒体内，成绩是挺不错的，但和巨量的商业平台相比，阵地规模显然不如人。抖音和今日头条的用户量为5亿—6亿，微信、微博可能接近10亿。于是传统媒体就面临非常大的困境：当你在互联网舆论场发声的时候，必须借助别人的阵地。这是一种根本性的冲击。

二是用户思维改变。互联网用户平均年龄比传统媒体受众的平均年龄低得多。比如bilibili的用户平均年龄还不到20岁，微信用户平均年龄是32岁，微博上最活跃的用户基本上是90后，而且在向三四线、四五线城市和乡村下沉。那么，传统媒体所提供的内容是否还能符合受众需要？在座各位可能不一定去接触报纸，不一定定时地收听电台、收看电视，但是媒体作为信息提供者尤其是优质内容的提供者，信息需求是永远存在的。

“侠客岛”在过去几年做了些什么呢？说实话，我们做的是非常简单而朴素的事情，就是在一篇篇地做文章，一篇篇地回应社会热点、解读国家的方针，并且尽力传播我们的价值理念。说白了，我们提供既符合党报立场、宣传需求，又满足市场传播需求的产品。

我们经常会说，党报人的职责是“讲好中国故事，传播好中国声音”，但如果你讲的故事别人不爱看、别人不爱听，又何谈信任、喜爱呢？没有触达的环节，情感认同、价值认同是不可能产生的。

所以，作为党报人，我们必须扭转理念，认识劣势。虽然在座各位可能不是时政新闻的接收者、爱好者，但其实中国老百姓是世界上最关心时政的群体。2016年，朝鲜半岛风云变幻，当时美国有一档节目，主持人在路上随机采访路人，拿一张世界地图问他们："你们知道朝鲜在哪儿吗？"采访了20多名路人，没有一个人能准确回答并指出朝鲜的位置，甚至有人指南、北极。这种情况在中国不会出现。头条在用户量4亿的时候就告诉我们，有8000万用户给自己标了"时政"的标签。用户在重大新闻时政热点中展现出的讨论热情、追踪热度和持续度，给我们提供了非常巨量的市场。

但在这个市场内，我们提供给他们的是什么呢？他们希望了解时事，但可能看不懂传统话语体系的表达。比如我现在给你一篇3000字的通稿，让你提炼出一句话，我想大多数人是抓不到核心信息点的，更不用说那些信息量更加密集的重磅文章。这些文章权威、准确、有料，但可能篇幅动辄5000字、8000字、10,000字。在碎片化阅读的时代，很多人不会像专业时政记者一样仔细阅读每一个段落、每一个表述，而是需要简短、明快、直截了当的信息。

面对这样的市场需求，传统专业媒体必须提供满足需求的产品。"侠客岛"创办以来，我们也一直摸索着去做、去运营这样一款产品。作为一款"互联网+新闻"产品，它每天不会花费用户很多的时间，只需要5—15分钟，也不会有太多的信息负担，每天就原创一两篇文章，帮用户省时间。但同时，我们的话题选择和原创内容对用户有价值：虽然时间花费不多，但可以了解到国内外重要时政热点、社会大事的分析解读，而且产品的内容比较通俗，没有太多政治术语或专业术语，没有太多阅读障碍。同时，产品可以保证提供的信息真实、权威，分析准确。把这些特点结合在一起，就是"侠客岛"日常在产品运维过程中追求的状态。

时政是很难做的一个领域，重大、敏感，尺度拿捏的要求很高。但"侠客岛"的创始团队、目前的专职团队事实上都相对年轻，平均年龄只有30岁左右，主体是85后、90后。其实，在时政领域，做得准、把得稳，还能读出新意、别出心裁，就是党报人真正的优势。党报人长期从事这一领域工作，熟悉政策，吃得准中央精神。发挥出自己的优势，就是我们的竞争策略。

比如党和国家机构改革是非常重大的议题，党报连续刊发了多个整版，有十几万字，非常有信息量。普通民众想了解、想读懂，但又不可能花费那么多时间精力在这上面，我们就需要提炼出一篇文章，帮助读者解读清楚。我们理解、消化、吃透这十几万字，最终用两三千字的篇幅，简单明了，拎脉络、说清楚。这样的产品是很有价值也有很有市场的。

再比如，2014年山西“换帅”时，重大的人事调整引出舆论场各种猜测评论。面对这种情况，我们根据中国共产党中央纪律检查委员会当时前后措辞的不同，当时一段时期所发的文章表态、会场的细节，就可以读出不一样的判断。从我们的产品定位角度出发，如果不能及时、准确地解读这些重大新闻，用户就会对我们失去黏性。

同样，我们也广泛介入社会热点。“守正持中”是《人民日报》的立场，我们不希望做“左”或“右”的角力场，更希望弥合舆论、求取共识。所以，我希望我们的观点守正持中，又不流于空话套话。

这当然需要更多技巧和积累。比如说滴滴、昆山之类的案件出来的时候，人们很希望听到党报的声音，想知道党报的态度。怎么办？党报的通稿有通稿的写法，评论有评论的写法，“侠客岛”有自己的写法。其实很简单，就是推己及人。设身处地想一想，用户在想什么。其实每个人都会遇到类似的问题，每个人都会打的，都可能被小混混、小地痞欺负。如果这时候个人的权利没有公权力、组织机构来保障，个人就会陷入深深的无力感，甚至成倍地爆发。舆论的呼唤有多少力量不好说，但如果党报不去做这样的事，可能更没人去做。文章一篇篇地写，慢慢积累口碑和用户黏度，不错过每一个新闻热点，不错过每一件新闻大事，这就是“侠客岛”过去几年积累起来的品牌效应。

换言之，媒体的传统做法可能更多关注自己需要说什么、做什么，“侠客岛”则更关注用户在想什么。对于产品每一个环节，比如选题，我们会浏览各大新闻网站找热度选题，甚至组建很多用户群，会在群里问大家今天关心什么。再比如行文逻辑，每一步我们都会考虑用户的感受，设想用户可能会被哪一个专业词语卡住，需要解释一下。

在目前的互联网舆论场里，我们不缺情绪，也不缺声音。新闻出现时，网上会出现很多声音，但很多时候我们缺乏专业的意见以及基于事实的理性分析。比如今天报告的PPT，有的人关注大字，有的人关注小字，还有人会说你们在争论什么，PPT上没有字。舆论场经常出现这样的情况，大部分是由于专业性和事实的缺失。“侠客岛”做了很多相关尝试。互联网给了技术上的可能性，更方便快捷地触达专业人士、专业作者。比如“侠客岛”在写人质解救、扫黑除恶、山东寿光大水这样的事件时，虽然大家争论很激烈，但其实很多情绪性或阴谋论式的争论没有必要，可以还原成技术性、专业性分析，很多谣言可以被击碎。我们这几年也坚持传递更多专业、理性和有建设性的解读。

我们的运营团队很小，还不到10人，怎么去面对众多的新闻热点呢？而且这些问题常常分散在不同的专业领域。这就有赖于机制创新。我们组建了涉及不同领域的作者团队，当我们需要的时候，可以求助这些垂直领域的专业人士进行一些专业解读。专业性的解读多一些，舆论场里不客观、情绪化的意见就会少一些。我们的用户都可以成为我们的作者，刚才提到的山东寿光事件，我们知道是上游水库泄洪导致下游受灾的一个技术性话题，当然会引起讨论。我们就可以在用户中寻找作者，一是寻找山东寿光当地人，二是找到专业的水利工程师。我们会发现，在每一个事件背后，专业化的解读与事实是非常贴近的。现在很多专业机构、行政部门做了很多事情，但是缺乏与现代媒体、互联网打交道的技能和渠道，这也是专业媒体可以发挥作用之处。我们也曾跟很多部门建议，不一定非要做一个部门的官方政务号，可以和具有广泛影响力的媒体建立更广泛、更常态化的沟通机制，

作为非科班出身的媒体从业者，我的从业体会是，媒体确实是“信息中介”，但这个“中介”在当今互联网技术赋权的背景下，其实有非常多的可能性，不仅是受到冲击。技术冲击会大浪淘沙，淘汰掉无法适应环境的产品，留下更适应市场、符合用户需求的产品。比如，就党报人而言，我们希望把中央的政策精神讲得更好，触达更多普通用户，在理解的基础上建立起信任和认同。同样，我们也希望将普通人的想法，用专家学者、一线业界人士的声音传递给决策的制定者，形成良性的互动和对话机制。

这是非常有意义的事，也是媒体推动社会进步必须做的事。

“侠客岛”还有一个特点就是人格化传播。我们自称“岛叔”“岛妹”，从来不把自己称为“小编”；也有很多用户称我们是“迷之大叔”。人格化传播也是业界很多人在做的事。其实人格化传播不仅体现在某个称呼，不仅体现在你是否卖萌，这些都是很浅层的表现。一款产品要让用户产生人格化的情感认同，关键在于产品的每个细节都要做到为用户着想。在此意义上，产品的内容就是产品的风格，也决定产品能走多远。我常说，写一篇阅读量10万+的文章也许不难，难的是篇篇阅读量10万+，因为阅读量10万+的文章意味着你吸引到了更大基数的用户，建立了稳定的生产机制，发挥了独特的产品价值。对传统媒体人来说，这种“产品思维”或许是我们最需要建立也需要向市场尤其向互联网学习的思维。

前两天在深圳，有人问我“内容创业”现在是“风口”还是“隘口”。从我的经验讲，真正优质内容的竞争是很激烈的，也是稀缺的，对优质内容的需求和追求没有终点。现在各个流量平台，比如抖音、腾讯、今日头条等都需要大量优质内容，都在寻找优秀的内容生产者。不光是新闻行业，影视、艺术、体育、娱乐等优质的原创内容始终稀缺。资本可以很快地搭建平台、收获流量，但优质内容需要扎实积累、诚实产出、不断创新，没什么捷径可走。我相信这个时代和社会以及不断代际更迭的用户，最终不会辜负认真的内容创作者。

我不是新闻科班出身，也说不出更多特别专业的术语和意见。但我非常欢迎也非常期待更多学子加入这个行业。媒体行业虽然收入不一定非常有竞争力，而节奏快、压力大，但可以提供给年轻人更多看世界的角度和视野，观察不一样的人生，它很有趣，也有挑战性。当行业有更多新鲜血液、更多优秀人才加入时，媒体行业才有更多的发展可能。

谢谢大家。

（演讲者申孟哲，人民日报海外版记者、“侠客岛”联合创始人）

案例分析

好的标题就是内容的“广告词”

——“侠客岛”取标题的六点经验

在人与人的交往中，我们常常会说“第一眼”的感觉。我们对外界事物的认知，一般都是从直观印象深入到理性认知的。同样，在媒体传播中，用户对一篇文章的认知首先建立在对标题的直观印象上，扫一眼过去，几秒之间就能决定有没有阅读或观看的兴趣。几秒之间所做的这个决定，很难说是深思熟虑的结果，更可能是一种直觉。

在信息爆炸的时代，这种直觉在引导用户阅读上的作用越来越重要。直觉是潜意识的表现，它可能是用户头脑中的疑问，长久思考而不得其解；也可能是一种普遍的人性，爱恨情仇、窥私欲望、贪图便宜等等。文章标题如果能戳中痛点或者兴奋点，就能激发读者产生阅读的欲望。

在这里，我们必须对标题的定义加以重新认识。《现代汉语词典》中对“标题”是这么定义的：标明文章、作品等内容的简短语句。也就是说，标题是内容的简短陈述。一篇文章往往有一个主题，但内容会非常丰富，如果仅仅把标题等同于主题，那就会出现“论某某问题”“某某问题小议”等充满论文色彩的标题。这种标题在严谨的论文写作中经常用到，但放在新媒体的传播中，则容易让人觉得平淡，没办法在海量信息中凸显。尤其对新闻生产来说，传播是第一位的，如果没有传播，一切精彩都是零。所以，从传播的立场上看，好的标题就是内容的“广告词”，一句令人印象深刻的“广告词”是需要创意支撑的，需要我们洞悉用户心理，让用户一瞥，依靠直觉就能产生阅读欲望和情感共鸣。

作为在海内外舆论场有广泛影响力的时政新媒体，侠客岛一直非常强调标题的制作。我们常常会花费非常多的时间，群策群力，琢磨标题。好的标题，要照顾到对内容的准确表述，也要照顾到读者对标题的“第一眼”印象，还要考虑当读者将文章转发到微信朋友圈后，这个标题是否还能激发起其他非侠客岛订阅户对文章的阅读兴趣，从而增加订阅人数。

我们总结，好的标题一定要“巧”，不能太平淡无奇，不能一眼望穿，更不能文题不符，搞“标题党”。因为，所有传播都需要服务一个目的，即塑造品牌。“标题党”最大的问题就是不诚实，欺骗用户，遑论用户对品牌的忠诚度。

所以，我们先排除上述三个“不能”的负面清单，再思考怎么做好标题。

这里可以举些例子，供读者参考。

以偏概全

一般认为，标题就是内容的简要概述，但做新闻标题就是要将内容最精要的部分、最具传播力的语句、最新的表述等放上标题，这个思路同样适合新媒体的标题制作。切忌笼统地概述，否则标题会毫无亮点，平淡无奇。这个方法尤其体现在对通稿的摘用中。

比如，2018年1月12日，中央政治局开会，听取《中共中央关于修改宪法部分内容的建议》，新华社发了通稿。通稿的标题是《中共中央政治局召开会议　讨论拟提请十九届二中全会审议的文件　中共中央总书记习近平主持会议》，这个标题用在新媒体上明显太长了，而且重点内容并不突出。通读通稿可以知道，这次会议最重要的新闻点就在于“修宪”，这是海内外舆论异常关注的热点，所以可以单拎出来上标题。而通稿中关于宪法问题有多层次的论述，包括宪法的重要性、此次修宪的意义等等，但最新的提法是“修宪四原则”。所以，侠客岛把最重要的信息点拎出来放上标题，制作了标题《重磅！中央政治局确定修宪四大原则》，把新闻通稿中信息量最大的内容做了突出呈现。

图6-1-1　侠客岛部分推送作品实例

激发好奇

激发好奇最常用的方法就是设问。有人统计过，新媒体上最常用的标题就是设问句。侠客岛的标题也是如此，设问句占了较大的比例。这主要是因为设问能够更好地激发读者的问题意识，使其产生了解的冲动。

就侠客岛2018年1月推送的文章来说，就有很多设问句标题，例如"真正懂行的老领导：东北困境的症结究竟在哪儿？""大数据面前无隐私，到底谁才是老大哥？""东海油轮相撞事故，为何世界如此关注？"起这些标题的文章，其新闻背景或是当时的新闻热点，或是读者脑中长久的疑问，他们迫切需要寻找问题的答案，因此，设问是一个较好的方式，刚好应和了读者头脑中的问题。

当然，激发好奇的另一种方法就是在标题中组合关键词。这些关键词在读者的心目中，本身就具有神秘或者权威背景，比如中央、政治局、党报、信号等等。侠客岛的时政解读是一大特色，已经在读者中形成了品牌，我们对中央政策的解读、高层动向的梳理都让读者产生不小的期待。比如，2018年1月15日，我们解读《人民日报》当天刊发署名"宣言"的文章，阐释历史机遇期的问题。我们用了一个标题"今天人民日报的这篇重磅文章，大有来头"。标题中就用了"人民日报""重磅文章""大有来头”三个词，虽然不是设问，但别有意味，同样获得了很大的阅读量。

欲说还休

侠客岛主要是做新闻热点的解读，所以订阅户一般对新闻有较高的熟悉度。但我们也会碰到自己想做的话题，并不一定是大众熟知或者认知度高的领域。所以，标题上如果直接将具体领域点出，恐怕会带给读者一定的识别困难。之前说过，很多读者对标题是直觉在先的，如果一个标题出现了他认知困难的词句，那么他很有可能下意识地判断这个话题与他无关，就不会点击阅读。所以，我们的一些标题会采用设问的方式，同时避免把相对冷门的主要内容放入标题。

比如，前段时间，国务院派出督察组，督察一些省（区）的海洋生态保护，这个话题并不是很热，但对于我们保护环境、建设美丽中国具有非常重要的意义。如果我们把海洋生态保护放上标题，恐怕一些读者会觉得离他生活太远。所以，我们制作了一个标题“中央为何近期密集出击这一领域？”。我们把新闻的主题“海洋生态保护”隐去了，用“这一领域”代替，突出了主体“中央”，又加上了“密集出击”以显示不寻常。这样的组合能够较好地激发读者的阅读欲望。

长短相宜

很多人会争论，新媒体的标题是长好还是短好。有段时间，网络论坛流行长标题，而现在一些娱乐类的微信公众号也喜欢用长标题，因为标题信息量大，尤其是凸显冲突性。但也有一些好文章，标题并不长，让人看完短短几字便觉意犹未尽。所以，好的新媒体标题并没有长短的成规。就侠客岛来说，我们的标题一般不超过26个字，主要是让用户在转发文章的时候能够显示完整标题。但在标题制作中，文字越短，费的心力越多，因为要让读者看到标题中的巧思以及别有意味。

比如，当年辽宁爆发贿选案，很多官员和人大代表涉案，一时间，辽宁官场震撼。侠客岛当时就写了一篇文章，标题就四个字“辽宁不宁”，读者一望便知。又如，当时河北省委书记周本顺落马，侠客岛的标题也是四个字“本周不顺”，把周本顺的名字巧妙地嵌入标题，读者一看就心领神会。

当然，我们也有长标题，但这些长标题一定要通俗，说大白话。比如我们解读京津冀协同发展战略，用了一个标题“习总说了，北京不迁都，但这些东西要搬走”，效果也非常好。

引发共鸣

这一点主要是用于观点见长的文章，需要在标题中就亮明观点和态度，使读者一望便产生共鸣。对于这种话题，读者一般心目中已经有较明确和成熟的看法，只不过这种看法可能是模糊、不完整的，需要更有逻辑的梳理和阐释。但他们的基本观点与我们是重合的，那不妨把共同的观点鲜明地亮出来。

比如，有段时间网络上炒作抵制西方节日，这个问题背后是文化焦虑，但做法并不可取，在全球化的时代，文化只能是在开放中成长，不可能退回封闭的老路孤芳自赏。所以，我们写了篇文章《与其抵制，不如想想中国节日怎么跟洋节PK》，标题就亮明了观点，引发很多读者共鸣。

不按套路

刚才说的都是套路，但有些时候也可以不按套路出牌。不过，这必须建立在良好粉丝互动的基础上，因为它靠的是读者对文章稳定的期待，以及对新媒体品牌的强烈认同和对作者的情感依赖。所以，标题在有些时候完全可以做成与读者的一个俏皮互动。

比如，2017年12月25日，我们写了篇美国在联合国遇怼的文章，原因大家都知道，美国白宫承认耶路撒冷是以色列的首都，引发国际社会的轩然大波。当时取标题的时候，我们一直没考虑好，因为这个国际话题并不是“流量担当”，而且美国承认耶路撒冷是以色列首都的话题在前段时间已经做过解读，这次再解读，读者未必会觉得新鲜。我们为标题商讨了一个多小时，最后决定用一个俏皮的“不好意思，今天的文章实在想不出好标题了……”，文末又挂上通知，号召读者开动脑筋给我们的文章取标题。一个较冷门的话题最后变成了阅读量10万+的文章，还转化为一个很好的互动活动。

这种标题我们还用过几次，比如“我们很遗憾地告诉大家……”“我们很高兴地告诉大家……”等，都是活动通知类文章的标题，文章的阅读量都非常大。但用这种标题跟喊“狼来了”一样，不能多用。

以偏概全、激发好奇、欲说还休、长短相宜、引发共鸣、不按套路，这六个方法只是我们非常粗浅的总结，在实际工作中，总归“运用之妙，存乎一心”，不能为定法所拘。

新媒体取标题的方法还有很多，不少成功的新媒体账号都有经验总结。但万变不离其宗，总有两条是普遍适用的，一是摸透读者心理，二是扎实做好内容。后者尤其是好标题的根本，如果内容不行，再好的标题都难免落得“标题党”的恶名。

（作者张远晴，“侠客岛”负责人）

专家点评

人民日报海外版微信公众号“侠客岛”

在互联网时代，政务新媒体不仅是新闻信息宣传的新平台，而且是创新社会治理的新途径。以人民日报海外版“侠客岛”为代表的政务新媒体，聚焦时事新闻，以民众喜闻乐见的形式及时解读涉及国计民生的各类政策，并发布公众广泛关注的重大事件的权威信息。在主流价值传播层面，坚持“内容为王”的信息传播理念，既能针对网民喜好，巧妙运用互联网思维全面创新舆论宣传方式，又能在重大、敏感和各类突发事件发生后，站在党和政府的立场上旗帜鲜明地进行报道、分析与解读，较大程度地满足了我国民众对时政新闻的强烈渴求，而且实现了网络舆论宣传模式的不断创新。

同时，“侠客岛”的实践探索体现了党和政府有效引导舆论和实施舆论治理的新型网络治理理念。这种实践操作既符合中央提出的“打造新型传播平台、建设新型主流媒体和扩大主流价值影响力”的媒介融合的顶层设计，也展示了中央主流媒体在新媒体内容建设领域不可低估的辐射能力和有效掌握舆论场主动权和主导权的强大影响力。以“侠客岛”为代表的舆论治理创新，是在对传统资源整合的基础上，以贴近公众、贴近生活的方式，聚民智、导民意的成功的舆论引导实践。最后，以“侠客岛”为代表的这类网络舆论治理创新的发展，未来还需要继续强化公众参与意识，并借助制度层面的持续创新，才可以保障政治传播体系的高效运行。

（作者卢家银，中山大学传播与设计学院副教授、中国新闻史学会应用新闻传播学研究委员会副会长兼秘书长）

07 现场云

现场云全国服务平台是基于移动互联网、以直播为主要形态的原创新闻移动化在线生产平台，是全国最大的新闻直播和短视频生产协作平台。目前，该平台面向国内媒体和党政机关开放，帮助其越过资金、技术、人才等难关，快速进入移动互联网时代。现场云拥有自建的开放性技术体系，既有工具型前端App，也有运营型管理后台。机构入驻后，只须下载现场云App，记者就能实现即采、即编、即传，编辑实现即改、即审、即发，全面革新采编发场景。现场云在一定程度上代表了中国媒体的融合发展和转型，以及它们真正进入了“流程再造”这一核心领域。

主题演讲

现场云为媒体融合发展提供全新解决方案

近几年来，很多传统媒体经济收入断崖式下滑，街头报摊关门歇业，传媒大佬接连转行。而硬币的另一面则是新兴的网络媒体吸金能力暴增、移动终端男女老幼通吃、自媒体快速生长……传媒领域的新闻事件不断地冲击着人们对媒体和媒体从业者的认知。这预示着传统媒体模式难以为继，新模式正在扩张，推动媒体融合发展势在必行。引发这种变化的重要原因在于5G、人工智能、大数据、云计算等与移动互联网密切相关的新技术迅猛发展。

在此背景下，新华社坚持以习近平总书记重要讲话精神为引领，牢记职责使命，锐意改进创新，通过搭建现场云全国服务平台，以技术之矛攻技术之盾，发力新闻移动化在线生产，推进新闻舆论领域的供给侧结构性改革，打开媒体融合发展新局面。

现场云从哪里来？

新华社社长、党组书记蔡名照指出："回望整个新闻的发展史，就是新闻不断接近现场的历史。报纸让读者从文字描述中感悟现场的情境，广播让听众听到来自现场的声音，电视让观众看到现场的景象。尽最大可能地向受众呈现新闻现场，一直是媒体和媒体人的追求。"移动互联网技术的进步有条件让受众更加接近现场、感受现场。

基于此，新华社创造性地提出"现场新闻"理念——运用最新的移动网络技术，在新闻现场实时抓取尽可能多的现场要素，把新闻现场实时、全方位、全息化地呈现给受众。我们将这种理念具化到新华社客户端上，实现了新闻现场的移动化、在线式、直播态、全息化的采集、加工、传输、处理、分发和展示，多媒体独立报道变成全媒体碎片化融合报道。

“现场新闻”上线第一年便播发了1300多场，全网总访问量为84亿，为新华社转型发展提供了源源不断的动力。

2017年2月19日，在习近平总书记在党的新闻舆论工作座谈会上的重要讲话发表一周年之际，新华社启动基于“现场新闻”核心功能的现场云全国服务平台，对外输出“现场新闻”能力和服务，把新华社最新融合发展成果与全国媒体同行、党政机关共享。

现场云是什么?

现场云全国服务平台是基于移动互联网、以直播为主要形态的原创新闻移动化在线生产平台，是全国最大的新闻直播和短视频生产协作平台。目前，该平台面向国内媒体和党政机关开放，帮助其越过资金、技术、人才等难关，快速进入移动互联网时代。现场云拥有自建的开放性技术体系，既有工具型前端App，也有运营型管理后台。机构入驻后，只须下载现场云App，记者就能实现即采、即编、即传，编辑实现即改、即审、即发，全面革新采编发场景，极大提高生产效能，为实现机构间“你中有我，我中有你”式的资源共享和融合发展创造了巨大的合作空间。

与电视直播、网红直播不同，现场云秉持“同步时空，还原现场”的理念，专注于新闻专业化、平台化、智能化、社交化，追求提升把新闻事件更快、更全、更直观、更立体呈现给受众的能力和水平。

（一）聚焦新闻主业

一段时间以来，直播成为市场风口，部分直播平台默许甚至怂恿一些网红搏出位、踩底线、秀下限，争夺流量入口，大获其利。但现场云始终扎根新闻生产，精耕细作。所有的理论研究、技术开发、产品设计均为内容建设服务，保证新闻媒体和党政机关在平台中的特殊地位和对领域内新闻舆论工作的有效控制。这是现场云始终秉持的核心要义，也是很多把运管重心放在流量和盈利上的商业直播平台所不具备的。

（二）讲求全面多元

电视直播曾如此地深入人心，以至于说起直播，人们就会不自觉地想起电视直播，但是单孔径、流水式播出大大限制了受众还原现场的广度、自主度和舒适度。现场云在视频流直播的基础上，又增加了短视频直播、图文直播，可以多人协同、同步采集。一个会议报道，既可以对场内情况进行报道，也可以同步报道场外情况，无论相隔多远，内容都将融合在一个页面中。受众可以自主选择不同点位的内容，让时间在人类面前停留，充分感受新闻事件全貌，让体验更舒适自主。

（三）生产前端化

现场云可以进行移动式在线采编发，未来还将在移动端上实现更复杂的操作。新闻不需要转回编辑部的物理世界就能直接与受众见面。这是对过往新闻生产方式的颠覆，前方和后方的边界在虚拟空间里变得模糊，记者和编辑的边界也在模糊，信息处理会变得更加高效。编辑与记者并肩出现在现场指挥报道的场景越来越普遍。

（四）轻便高效低成本

信息技术给人类社会带来的冲击是方方面面的，信息领域首先是如此。沉重的采集机器逐渐被轻便、能力更全面的采集机器代替，数字信息的处理性能越来越高，成本快速下降。现场云正是这一趋势的推动者和受益者。以现场云软件式导播台为例，它可以安装在任何一台电脑上，轻松实现多路信号的自由切换。

（五）不断创造新体验

新技术带来新体验。小型无人机航拍让我们像鹰一样，从上帝视角俯瞰大地上的万物。AR（增强现实）、MR（混合现实）、AI（人工智能）、VR（虚拟现实）等新技术正进一步升级人类的新闻消费，帮助人类获得人体感官触不到、接收不了的元素。现场云一直致力于对此的收集、处理、表达技术的研究和吸收。这些技术将服务于“还原现场，同步时空”的使命，把平台带上更高的层次。技术创新是现场云在同类产品中处于领先位置的根本，是现场云快速成长的原动力。

运行情况

截至2018年8月，包括中央媒体、中央和国家机关、地方媒体、地方党政机关在内的2700多家机构入驻现场云，25,000多名采编人员注册使用，累计发布直播70,000多场、短视频报道22万多条、文图报道逾50万条。每天都有机构用户通过现场云进行直播，每周直播约1000场。综合来看，现场云呈现以下特点：

（一）正在改变社会表达

以时政报道为例，纸媒通常的做法是一段文字配上一张图片，由于篇幅有限，再加上行文书面化，受众容易产生读不懂、读不通、读不尽兴的感觉。互联网的无限性和多媒体化为提高内容表达效果提供了新可能。现场云在此基础上进一步追求为受众提供进程式、在线感的信息消费体验，要求报道者适应新的采编节奏和采编特点，将文字、视频、图片融合加工作为首选。现场云输出的新产品不仅实拍镜头丰富，说事指物明确，逻辑也变得简单明了。

（二）传播方式分众化、社交化

手机使人际传播更加便捷频繁，大大改变了人们获取信息和交流的方式。现场云可以无缝对接媒体数字化内容和渠道，通过提供互动空间，鼓励用户与受众、受众与受众间的对话和交流，刺激社交化传播。数据显示，八成以上的浏览量来自社交类媒体的受众分享传播。

（三）机构用户产品意识、用户意识增强

过去因为手段相对单一，采编人员不需要根据内容来进行表达方式的选择。但现场云的实践告诉机构用户，如果想取得好的传播效果，必须根据具体情况选择与之相符的传播形式。另外，现场云的受众分析系统让很多媒体第一次如此细致地认知自己的传播对象。互动功能则进一步拉近了双方对视的距离。虚拟面对面的交流更能让媒体找到努力方向。如今，很多现场云用户学会了在策划阶段就考虑受众在哪里、如何推广等问题。

（四）用户创新现场云使用方式

浙江省三门县除了把会议活动通过现场云进行直播外，还尝试直播公开执法活动，取得意想不到的效果。例如全县拆违活动直播，三门县把所有参与人员设为记者，要求他们用手机拍下清拆工作的进展情况，实时上传到现场云。经后台审核后，这些实拍内容很快与大众见面，政府的每一项工作都展现在大众面前。老百姓看到了政府的决定和实施情况，意识到这次行动于民有利，因此非常理解和配合，工作开展异常顺利。

（五）催生共享联播新方式

2017年5月，新华社与《四川日报》《海南日报》等16家地方媒体通过现场云开展了“一带一路”联合直播活动。16场直播涉及采访点位114个，投入编辑记者279名，投入渠道102个，全网浏览量为4600万。这是一次全国范国内的跨区域、跨媒体、跨媒介的采编联动，组织指挥、传播推广都在线上进行，是全国媒体在融合发展上的一次“大合唱”。

发展方向

现场云未来发展分为两个方向：To B（对企业）和To C（对用户）。目前正在进行的是To B工作，主要有三个方面：

（一）新闻直播平民化

新闻直播场景复杂多变，十分考验技术和产品的适应能力，这也是中小媒体难以搭起较为复杂、灵活多样的直播系统的原因。现场云将成熟的新技术向用户开放使用，提升其新媒体制作条件和能力，使其快速跨越技术和运营的门槛，直接享受现场云的技术红利，其研发、运维等成本由现场云承担。采取这种运营策略的重要考虑就是保证现场云服务的平民化发展。

（二）汇聚海量新鲜数据

在大数据时代，原始数据将成为媒体竞争的核心。优质服务和免费策略吸引更多的用户生产优质内容，这是现场云的基础诉求。一个平台，只有源源不断地生产优质内容，才能赢得未来。

随着产品迭代、技术升级、内容运营等工作的推进，现场云将迎来数据的爆发期。现场云将加大分发渠道，让优质内容获得更多推荐，未来还将根据内容数据和用户数据进行更多应用层面的尝试。

（三）互联网商业模式

现场云是一个以互联网方式运作的平台，营利对象是受众而非以合作身份加入的媒体和党政机关用户。用户作为合伙人将享受平台带来的影响力。作为平台运营方的现场云，将汇集用户力量，变个体为集体，通过流量运营、版权谈判等实现内容增值变现。

To C是现场云增强渠道能力的必经之路。当前可以通过机构用户资源的链接和投入，用渠道分发来保障优质内容生产。但至于这种模式能否保证持久稳定运行，仍存在不确定因素。这要求现场云适时搭建C端用户留存场景，形成新的自有强势渠道。

（演讲者宋君毅，新华社新媒体中心新媒体二部副主任）

案例分析

迈向全程、全息、全员、全效：现场云的媒体融合实践

习近平总书记在中共中央政治局第十二次集体学习时强调，全媒体不断发展，出现了全程媒体、全息媒体、全员媒体、全效媒体，信息无处不在、无所不及、无人不用，导致舆论生态、媒体格局、传播方式发生深刻变化，新闻舆论工作面临新的挑战。

如何打造全程媒体、全息媒体、全员媒体、全效媒体？对这一全新课题，现场云全国服务平台联合3100多家媒体，通过具体的融合发展实践，着力探索一条可操作、上手快、效果可期、风险可控的实施路径。

全程媒体：从直播到直播态

现场云秉承现场新闻理念，向媒体用户交付轻便、完整的移动采编发系统，采编人员用一台手机即可实现前方即拍即采即传、后方即收即审即发。由此，媒体实现了与以往采编场景完全不同的“行进式报道”，推动全程关注、全程发稿的“直播态报道”的发展。

在传统采编场景中，记者在采访过程中并不发稿，而在现场新闻报道中，记者从确定选题那一刻开始，就能够实时发布新闻的最新动态，记者、编辑、受众三者之间的信息传递接近零时差，受众与现场的情况趋于高度同步，新闻生产实现了“全程化”。

在传统采编场景中，只有广电直播实现实况直播，展现了全程报道的雏形。现场云对“直播”的定义进行了三个方面延伸，衍生了“直播态报道”新业态：一是实现直播的轻便化，用一台手机替代了昂贵的直播车，用云导播台替代了复杂的物理导播间；二是实现了直播的“全员化”，打

破广电对直播的垄断，为纸媒及新媒体赋能；三是突破了直播的场景限制，极大地拓展了直播题材的范围，可以广泛应用到日常报道中，为媒体的“全程化”提供了有力支撑。

在传统采编场景中，采编发全流程基本上是离线状态，而全程媒体对报道时效、协同效率的高要求将进一步推动媒体向在线生产转型。现场云将采集挪到手机上，实现的正是在线生产最难也是最关键的一环，即采集和采集者的在线化。媒体用户发现，移动在线采集后，在线化编辑和在线签发自然而然地轻松实现。

目前，日均近400家媒体用现场云播发现场新闻。《兰州晚报》、兰州广电、《河北青年报》等媒体初步实现了日常报道的全程化，具备了全程媒体的雏形。特别是随着县级融媒体中心建设的深入，现场云将这一生产模式带到了900多家区县媒体，有效推动了基层媒体的转型升级。

全息媒体：面向新媒体的全媒体化

全息媒体适应资讯可视化发展态势，对全媒体生产提出了新的要求。从现场云的发稿数据来看，一是文图视频及视频直播形态齐备，单兵具备了全媒体生产能力；二是报道结构全面向“全息化”升级。目前，平台内逾70%的现场新闻报道有视频直播流，短视频占比超过30%，图片占比超过60%，纯文字报道极为少见。这是语境的变化带来的语态变化。一线记者反馈，用手机采集，在奔跑中发稿，视频直播报道比短视频拍摄轻松，短视频比图片轻松，图片比文字轻松。记者自然而然选择了成本最低的生产方式。

相比以往的全媒体转型，现场云是轻量化的，即便是中西部地区的县级媒体都能轻松上手，即便是从未做过视频业务的平面媒体、网络媒体也能直播；现场云也是新媒体化的，文图视频都是对标移动终端进行生产。这就保障了这一轮业务转型具备可操作性，保障了内容更加适应移动端的阅读习惯和传播规律。

值得一提的是，传统媒体通过现场云实现“全息化”之后，不仅采编效率提高，新媒体传播力也显著提升。而且，不少平面和广电媒体探索全息广告模式，实现了机制化盈利。

全员媒体：社会化生产推动产能扩张

从现场云的实践来看，对全员媒体的理解有三个层次：

一是媒体人员全员实现全程化、全息化生产。现场云在媒体内部的适用范围经历了三个阶段：上线之初，只有新媒体部门的直播人员使用，主要用来进行视频直播报道；第二阶段，新媒体部门发现，日常新闻也可以通过现场云实现直播态的报道，因此将使用人员由直播组扩展到全部门；第三阶段，部分媒体负责人发现，传统生产部门也可以和新媒体一样改变“采访与发稿分离”的状态，因此将现场云从新媒体部门扩展到全员使用。

发展到第二个阶段后，新媒体部门的职能发生了重要变化。以往，新媒体编辑不主动参与采编发，只能被动地依附于传统部门产出的稿件。现在，他们可以全流程进行新闻生产，从原来仅仅复制粘贴成品稿的“搬运工”，拓展为自主策划、组织实施的“媒体人”。

发展到第三个阶段后，新媒体与传统媒体的融合出现了重要变化。一个记者从采访开始就同步发稿，采访结束时已经完成第一轮新媒体报道。记者可以通过现场云的编辑工具（“生成长文章”功能），便捷地将时间线性排列的直播态素材改写为结构化叙事的版面稿，或者剪辑加工成视频稿。在这里，这个记者既是新媒体记者，也是传统媒体记者。扩大到一个媒体，新媒体和传统媒体采集实现了一体化。

二是实现了社会化生产，大量通讯员实现了在线协同。以往通讯员和媒体的对接是离线的，实战中往往“通讯员找不到记者，记者找不到通讯员”。现在通讯员进入现场云后，也可以和记者一样“举起手机就拍”“随时随地发现新闻”，而且秒级连通记者编辑，大幅降低了两者对接的“交易成本”，为大规模在线协同奠定了基础。

值得一提的是，部分主流媒体发挥体制机制优势，将辖区内党政部门“建制化”组织起来，形成了覆盖广泛的“一张网”。在这张网内，报道员“无处不在，无所不及，无人不用”，媒体借助现场云成为“本地消息总汇”。大连金普新区广电、宁夏永宁电视台等县级媒体由此建立了三四百人的报道队伍，山东聊城晚报报道员超过3000人，他们的产能得以快速扩张，而新增成本几乎为零。全员生产的模式体现出极大的“边际效应”。

三是有力地推动非媒体与自媒体参与主流资讯生产。现场云上活跃着公安、消防、救援等不少行业用户，他们提供的报道快速、鲜活、接地气，传播效果显著。为进一步复制推广这一模式，我们和相关职能部门达成了战略合作协议，在行业内整体推进现场云的使用。现场云还启动了拍客计划，规模化组织自媒体进入生产体系。

全效媒体：对标资讯消费需求的有效供给

全效化要求媒体更加注重传播效果，提升传播精准度，全面提升传播力、影响力、公信力、引导力。

提升传播效果，需要对标新兴媒体传播规律优化生产方式。在新媒体与传统媒体两张皮的情况下，多数“镇版之作”并不能直接转化为“刷屏之作”。对比明显的是，移动端的生产从源头开始就直接对标移动端传播，有效推动了供给侧和消费侧的“卯榫对接”。

提升传播效果，需要把握受众的资讯阅读需求和阅读场景，针对性分类供给。现场云的直播态报道以其高即时性和高既视感满足对该新闻密切关注、持续关注的“刚性需求者”，精剪短视频则满足低成本阅读、快速阅读的“泛资讯消费者”。前者以高贴近性的本地化传播为主，后者以高新闻性的大众传播为主。

提升传播效果，需要把握受众的阅读心理。在对外传播中，外国受众对体现温情和人性、故事化、情节化的新闻更感兴趣，现场云大量来自基层的生动报道因而受到广泛欢迎。2018年播发的《为爱停留！热心小伙骑车为老太挡车流》在新华社海外社交媒体平台上收获1.88亿浏览量，刷新纪录。

提升传播效果，还要求媒体更加准确地把握“时度效”。四川宣汉县融媒体中心现场云报道的《脱贫攻坚路，巴山峡谷情》浏览量突破700万，点赞5万多次，1万多条跟帖中负面评论率为0.2‰。传播“时度效”与具体的场景结合了起来，家乡亲情的纽带将全国全球的宣汉人联结起来，在移动互联网建立了强大的主流舆论场。

媒体融合四梁八柱环环相扣，其中任何一个问题都是系统难题。化繁为简的办法是找到一个突破口。现场云从源头端创新入手，以在线生产为主线，推动全国媒体悄然实现转型，成效初显，并将朝着全程、全息、全员、全效媒体的方向持续深入推进。

（作者贺大为，新华社新媒体中心党委委员、常务副总编辑）

专家点评

现场云与中国媒体融合发展转型

2018年，新华社“现场云”无疑是全国融媒发展的一个重量级产品。我认为“现场云”在以下三个方面具有突破性意义：

首先，现场云在一定程度上代表了中国媒体融合的发展和转型，说明其真正进入了“流程再造”这一核心领域。我曾经提出一个媒体转型的分析框架，媒介转型的最终目标是提升传播力和影响力，在此基础上首先要创新内容和产品，然后是业务流程重组和组织机构再造，再深入就是商业模式的创新，难度依次递增。过去我们所谓的“转型”，更多集中在产品层面，目前很多案例，转型成功与否的标准是能否做出一个爆款或炫酷产品，这样一种不计成本式的投入与目前媒体“预算软约束”有很大的关系，但实际上很难变现以获得收益，也很难持续。我们也谈流程重组、建中央厨房，但是其实并没有真正围绕数字化来重构生产流程，无法做到真正实现日常化运作。现场云平台让媒体机构免费入驻使用，使得流程围绕数字化进行再造成为可能。

其次，现场云体现了较强的用户意识。这是过去乃至现在，相比互联网公司，专业媒体机构广为诟病的一点。互联网公司懂得用户至上，知道如何到达读者，而媒体机构则放不下身段。现场云开发的受众分析系统，能够让媒体真正了解自己的传播对象，并深度互动。我认为这是非常重要的，也是这些年来西方一些媒体转型做得非常出色的一点。

再次，现场云的实践告诉我们，专业媒体机构进行技术创新与突破是可能的。这为未来媒体机构在技术层面追赶互联网公司奠定了一个扎实的基础。最后，现场云对于专业媒体机构如何实现“媒体+平台”的融合也有探索借鉴的价值。过去，专业媒体的内容基本上只能依附在互联网公司的平台传播，同时带来了版权价值的丧失。自己做平台，则有可能扭转这一被动局面。当然，技术创新和自建平台都需要大量的资本投入，如何硬化预算约束，使其真正在经济层面具备可行性，也是一个值得关注的重要议题。

（作者刘颂杰，中山大学传播与设计学院副教授）

08 长兴传媒

2011年4月15日，长兴传媒集团由长兴广播电视台、长兴宣传信息中心、县委报道组、“中国长兴”政府门户网站（新闻版块）整合而成，是全国第一家整合广电和报业资源的县域全媒体集团。之后，开始探索媒体融合之路，融合的脚步未停歇。长兴县委、县政府按照“融为一体、合而为一”的要求，从机构设置、运行机制、人才保障、考核激励等方面给予支持，着力建立区域媒体融合高效运行体系。

主题演讲

长兴模式：打造全国一流的区域智慧型融媒体集团

各位领导，各位专家教授，各位同学，下午好！特别感谢主办方，尤其感谢我们的志安院长给了长兴传媒集团这么高的荣誉。今天中午跟他一起吃午饭时，我才知道这是目前学界对媒体融合注重实操的一个最高奖项。所以，我今天代表长兴集团，把我们这八年来在媒体融合过程中走过的路做一个分享。这次分享的主题——长兴模式：打造全国一流的区域智慧型融媒体集团。

这要从2011年4月15日组建集团的时候说起。我们都知道，习近平总书记是在2014年的8月18日发表重要讲话，提出将传统媒体和新媒体融为一体的。可以说，我们的实践比总书记提出这一观点早了三年。

当时，我们将四个新闻单位组建在一起，整合成目前旗下的广播、电视、报刊、新媒体、数字电视，以及当前正在做的智慧项目。在此，要特别说明一点，长兴传媒集团跟全国其他集团正在做的县级融媒体最大的不同之处在于，我们的数字电视在自己手上，以长兴为代表的湖州地区另外两个县德清和安吉也是这个模式。这是因为当时浙江一直想收全省一张网，但那时仍有十个县没被收走，不像全国其他地方早被收走。

这样带来两大好处：一是数字电视在自己手上；二是留住忠实的有效粉丝，用户在我们自己手上。目前，有线电视用户是18万，真正有效用户16.5万，而且这16.5万都是续费用户，他们常年收看电视集团节目。

现在单位旗下有员工450余人，很多人会好奇一个县级媒体怎么会有这么多人？这是因为我们自己有数字电视网络公司，大概200人，而我所主管的新闻领域也约有200人，再加上行政、后勤，估计有450人。

2017年，我们的总营收是到款数，大概有2.09亿元，2018年的目标任务是完成2.28亿元。我刚让财务部统计过，从2011年组建集团第一年的1.36亿元，到今年目标的2.28亿元，差不多是要翻一倍，明年的任务肯定是破倍的。据最新数据，2018年1月至9月，我们的实到款数是1.4亿元，同比增长将近6%。接下来，我将具体分享长兴集团这几年来是怎么做的。

做好顶层设计，确保机制转型

第一，顶层设计。

一是整合机构资源。2011年4月15日集团组建的时候，并不是由中央要求的，也不是市里要求的，而是县委书记提出的，要求把四个新闻单位组建在一起。挂牌前三天，我才知道这个任务是在保密状态下进行的。

二是优化领导体系。贯彻党管媒体原则，集团在党委会的领导下，设立三个版块，其中，董事会管后勤，经营管理委员会管营收，编委会管宣传。我经常形象地跟来访人说，我们就像一家人过日子，经委会负责“赚钱养家”，把2.28亿元赚起来；编委会负责“貌美如花”，把自己的版面打扮得漂漂亮亮；董事会就负责“勤俭持家”，因为整个大集团人力成本有7500万元，这其中还不包括其他的日常运作。所以，一家人过日子，需要这样优化整个领导体系。

三是把好发展方向。县委、县政府还要对我们把关。当初我们集团组建的时候，就提出既然组建一个新闻单位，就要进行考核，所以每年年底，县宣传部、财政局、县委办和国资委四部门都对我们联合考核。考核有三个要点：一是宣传方向，即内宣外涉做得好不好；二是国资有没有保值增值；三是安全传播做得好不好。

第二，优化激励机制。

一是加强动态监测评估。刚才已经说过，对四个部门进行评估，是要动态监测的。

二是强化业绩经营考核。除了以上四个部门，全县所有机关乡村部委办也要对我们进行考核。放在我们这个组的是党政组，大概有16个单位，我们连续八年在16个单位中获一等奖，一般一等奖只有一两个。媒体单位能够拿一等奖，很不容易。我们经常曝光，进行舆论监督，还有数据收费，收费就意味着要钱，所以我们能够连续八年拿一等奖特别不容易。

三是完善薪酬晋升体系。按照事业单位企业化经营运作的模式，将集团班子成员的收入与全年绩效挂钩。我们每两年进行一次双评，中层选岗位，岗位选中层，这个从1999年就开始做，到现在已经很顺畅。以前是末三位被淘汰，直接除名，后来因为劳动法保护，末三位变为无论是在编员工还是非在编员工都降级降薪，从一等降为二等，从二等降为三等，级数降、待遇降，是一个完整的薪酬竞争体系。

第三，抓好要素保障。

一是重视人才。发展是第一要务，创新是第一动力，人才是第一资源。我们对特殊人才进行特殊引进，一般人才就地解决，普通人才一事一议。我们对住房及奖金待遇等有一整套连贯的保障体系。特别是企业年金，我们对优秀特殊人才设置额外企业年金，分别为1600元、1200元、800元三个档位。员工要工作满五年，若辞职或调动则只可以拿到一半，若工作满十年则可全额拿到，既是对集团员工的保障，又是对他们的一种鼓励。

二是支持硬件建设。集团于2011年4月15日组建，我们在2009年搬进新大楼。当时，对整个集团的技术设备进行5000万元改造，全是自掏腰包。目前为集团新大楼投资的1.5亿元也是自己出的，财政没有出钱。2017—2018年，共投资6000万元进行高清改造。这是集团的现场实景图，中间是演播厅，右边是高清车，这个高清车就是整个电视车，还有一辆是标清的，另外还有广播车。

三是进行经营战略投资。前面提到，集团正在做智慧项目，2015年开始布局智慧，2016年年底挂牌，2017年正式运营，组建会员公司注资1亿元，其中，集团出资7000万元，国资委出资3000万元。这个会员公司做的是整个长兴的智慧项目，比如说目前已经做了完善的智慧水域的治理、智慧社会治安的治理，以及社会道路交通诱导性治理。

第四，争取政府支持。

一是来自政策、项目化的运营。长兴境内水域的所有智慧项目都是我们负责的，左、右两边实行探测监控，它照到哪个水域都能反映出来。

2003年，长兴实施全国首个河长制，中间是我们的云数据中心计算机房。

二是强化深度合作。跟所有相关街道部委办合作。目前我们整个合作领域几乎覆盖长兴所有政务。

三是加强战略合作。一方面是跟大数据公司、大科技公司合作，单靠长兴传媒集团自己做不好，因为人力有限，所以我们跟航天领域共同做。我们目前在做的产业客户端，也是跟第三方做的。

第五，强化用户思维。

一是开展思想解放大讨论。组建整个集团的时候，说实话，也是人心惶惶的，都不知道什么叫长兴传媒集团，因为我们是由四家传媒单位组建的，当时并没有这样的案例。分管新闻的宣传部副部长是社科联主席，现在是我们集团的董事长。他去看全国，当时也只有四家，分别在成都、东北的牡丹江、山东的滨州和广东的佛山。当时就是扫盲，从班子成员开始到中层到员工，一上台就进行演讲，说各自眼中的长兴传媒集团是怎么样的、媒体融合是怎么样的。

二是开展各种学习。我们设立了“万物生长融媒养成计划”，截至其2017年上线，集团就花了100万元，这是真金白银投进去的。这个项目会长期做下去。这有什么好处呢？可以联合多家高校，比如去年与浙江大学联办，今年与复旦大学联办，我们把中层以上和首席班子成员的一些骨干送到浙江大学和复旦大学，开学典礼、毕业典礼都在两所大学内，其中每个月末选一个星期天到集团集中授课，我们也会请张院长过来。我觉得这次授课特别友好，请来了很多大咖和讲课精彩的老师。

三是把好用户导向。小媒体要有大方向。这个问题主要包括四点，今天早上有领导提到变和不变的关系，我觉得对长兴传媒集团来说也是如此，虽然是小媒体，但它一直在创新，然而，党媒属性不变，人才导向不变，价值取向不变，“内容为王”不变。

创新融合机制，不断优化深入

整体来看，就是融合至上，小媒体要有大智慧。

第一，机制融合。

从2011年4月15日开始组建的时候，长兴集团选的就是小突破口，叫全媒体采访部，当时给的编制是20人，结果顶多也就是18人，负责整个融媒体前身所做事项。记者到现场后，要给广播做连线，给网站和微博写文字、发图片，那时写文字具备“新闻五要素”就可以。2014年年底至2015年年初，现场记者除了要给广播做连线、写文字和发图片，还要增加短视频，回到家里还写电视稿子，在六点半新闻直播时播出。电视稿子出来后，再给报纸写稿子，因为报纸晚上排版。这就是采访部，2012年这部门称为全媒体采访中心，2014年称为新闻记者平台，2015年称为融媒体平台，2017年其被优化并被改造成融媒体中心。

现在一个融媒体中心下设十个部门，这十个部门扁平化管理。融媒体中心总编就是本人，下面有三个副总编和几个编委，下面分成十个部门，这全部是按照工厂流程做的，三个综合部门、两个车间、五个全部终端、广播、电视、报刊、新媒体和外联，均实现管理的扁平化共同竞争和产品的灵敏化，真正实现多媒体传播、多元基因发展的格局。这个从2011年组建时就一直在做，所以说，是正在这么做。

另外，激励机制就是刚才说过的“双聘”机制。这在1999年就开始建立，涵盖五档新闻体系，从一到五，每两年调整一次，做得好往上升，做得不好往下降，所以说它是动态的。我们实行的叫“同岗同酬”，就是在编和非在编，只有身份不一样，而身份是没办法的，这是历史遗留问题。那么中层干部一个普通员工，可以做到什么程度呢？做到编委和董事一级，比中层正级高半级，但是他没有身份。目前我们做的是进一步打破身份，也就是普通员工做到最好后就直接进党的班子，进党委班子后他就直接变成在编，把自身身份彻底打破，这是我们目前正在做的。

这是2017年实施的积分考核，完全量化，榜单公布时，分数是看得到的，以前可能还需要争论，现在不用争了。我们也吸取了以往的经验，制定了一个管理业务的双轨制。若有的员工不适合做管理层，就让他做首席。对应地，我们的首席三级相当于中层的助理，首席二级相当于中层的副职，首席一级相当于中层的正级，特席首席相当于编委和董事，经营待遇一模一样。

第二，内容融合。

一是新闻本土化。生根本土，我们的原则就是内容本土、精品原创。

二是栏目名声化，大量做。我们有十二大主题栏目，十二大栏目全部是本土的。另外，我们做了大量温暖公益栏目，比如，我们去年投资了200万元做一个温暖公益基金，这是我们跟企业合作的，每报道一个需要帮助的对象，就一次性地给对方5000元。以前做帮助对象，我们都需要社会各界群众。

三是活动品牌化。一个县级媒体全年要做300场活动，而且要进行量化考核，现在长兴相关部门和一些大型商家企业的活动基本上被我们垄断了，以前省台、市台还能覆盖，现在已经挤不进来。

四是专题精品化。融媒体栏目大量做精品化专题，这些专题我们都是收费的，报价是每分钟15,000—20,000元，即使打折，每分钟11,000元肯定没问题，最高收30秒，以前免费的，现在能不优惠就不优惠。

五是移动优先。这方面仍处于尝试阶段，我们现在每个月能生产短视频60个左右。9月20号开大会的时候，9月17号强台风“山竹”刚给广东造成严重影响，其他人说跟我们长兴没关系，但是它突然倒槽到长兴，影响长兴四个乡间。那天我正好在开编委会，于是马上启动，先从广播做直播，然后紧跟新媒体做直播，当中电视中午12：15新闻联播，重播以后做直播，一直直播，所以后来通过新华社现场云帮我们分发了一下它的传播链接，将近40分钟。

六是做短视频。2016年策划的《亲爱的小游戏》，传播量就有10万+。类似的例子还有很多，比如，2017年我们做了一个H5的《街道办邮寄》，这是浙江省委组织部委托我们做的，当时获得浙江省新闻奖新媒体奖二等奖；《寻水的鱼》也做得很受欢迎，后来各地出了各地版本的“寻水的鱼”。我们也做舆论监督，一个季度做一次，直接问政，但一个季度做一次的频率并不算高。我们学习西安，因为西安的省委常委、市委书记是从浙江过去的，力度比较大。我们也去武汉考察，发现武汉做电视问政做得比较大。

七是直播常态化。除了前面提到的微直播，我们还要强化做大型融媒体直播，而且很多东西是原创的。这是2016年开始做的，每年度高考放榜时，我们晚上做直播，2016年从下午5点做到晚上10点，2017年从晚上七点半做到10点，2018年从晚上七点半做到凌晨0点，影响力非常大。

第三，技术融合。2017年，我们集团跟人民日报签约做一个App。我们做App做得比较早，2011年一个县级媒体就开始做第一代的App，2015年做第二代，2018年做第三代。这是我们做的万物生长App，2017年在浙江大学的一个照片，2018年在复旦大学的我们没放进去，产业大量做教育、做活动、做理财，前面说过，集团2018年之所以能够完成2.28亿元，是因为它由几个部分构成，其中，网络科技会员1.68亿元；品牌营销中心以前的广告部5400万元，5400万元当中，政务、活动、商业、产业比例为3∶3∶2∶2。

打造公共文化空间。一楼、二楼、三楼都是通透、敞亮、宽敞的办公环境，打造开放式且带有互联网氛围的办公环境，把以前的小格、小栅栏打通，并做了很多俱乐部，现在集团有15个俱乐部。除了俱乐部文化，还有家文化，我们的员工食堂叫“传媒之家”，在这里组织过很多活动，俱乐部就经常在这里做活动。

总而言之，虽然长兴传媒集团是一个县级媒体，但我总是说，县级媒体也是要有自己的大格局、大智慧、大作为，才能在目前市场上赢得一席之地，光靠国家财政补是不可行的。我已经从业25年，2000年后财政就根本顾不上我们，把我们全部推向市场。现在集团还能够活下去并且活得这么好，更大的原因是我们一直在向市场里生根。

小媒体也要有自己的大格局、大智慧、大作为。

（演讲者王晓伟，浙江长兴传媒集团总编辑）

“案例分析

破壁体制机制　赋能媒体融合

——长兴传媒集团媒体融合探索实践

2018年8月20日至21日，全国宣传思想工作会议上，习近平总书记站在新时代党和国家事业发展全局的高度，做出重要指示，要扎实抓好县级融媒体中心建设，更好地引导群众、服务群众。这揭示着县级融媒体中心建设已成为打通媒体融合的“最后一公里”。县级融媒体中心建设与国家意志从未如此紧密相连。

2018年9月20日至21日，中共中央宣传部主办的县级融媒体中心建设现场推进会在长兴县召开。长兴再次走到了全国县级融媒体中心建设的聚光灯下。

2011年4月15日，长兴传媒集团由长兴广播电视台、长兴宣传信息中心、县委报道组、“中国长兴”政府门户网站（新闻版块）整合而成，是全国第一家整合广电和报业资源的县域全媒体集团。之后，开始探索媒体融合之路，融合的脚步未停歇。目前，集团旗下有广播、电视、日报（内部发行）、网站、“两微一端”用户超65万人，有线电视用户18万户，员工450余人，总资产9亿元，2017年营收2.09亿元，2018年目标任务是2.28亿元。

做好顶层设计，确保机制转型

在中央、省、市党委宣传部的坚强领导下，长兴县委、县政府按照“融为一体、合而为一”的要求，从机构设置、运行机制、人才保障、考核激励等方面给予支持，着力建立区域媒体融合高效运行体系。

（一）做好蓝图绘制

一是整合机构资源。2011年4月，按照中央有关深化文化体制改革文件精神，我们将县级媒体的改革作为全县文化体制改革的破题之举，及时做出组建传媒集团的决策。在原广播电视台、宣传信息中心、县委报道组和政府网部分职能的基础上进行整合，克服利益调整、人事变动、资产重组等困难和考验，组建了全国首家县域全媒体传媒集团，为融合发展打下坚实基础。

二是优化领导体系。贯彻党管媒体原则，集团在党委会的领导下，设立董事会、编辑委员会、经营管理委员会，实行绩效管理，形成职责权利清晰的领导体系。

三是把握发展方向。县里成立媒体融合工作领导小组，县委常委会定期研究媒体融合工作，每年研究并推进一批媒体融合重点项目，出台《长兴县推进传统媒体和新兴媒体融合发展实施意见》，明确媒体融合发展目标，对培育新兴媒体、改造传统媒体、加强区域媒体融合等方面提出具体要求。

（二）优化激励机制

一是加强动态监测评估。参照先进地区媒体融合发展经验，制定“媒体融合整合发展”量化评估标准，定期对传媒集团媒体融合情况进行动态监测和成效评估。

二是强化绩效考核评价。将传媒集团纳入全县党群考评组序列进行统一考核，综合实绩分和评议分，同时由县委宣传部、县政府办、县国资委三家单位联合出台针对传媒集团班子成员的年度目标责任制绩效考核办法，既考核集团作为党和政府喉舌的对外宣传、主题宣传等方面成绩，也按照企业化运作的思路，考核广告营收、产业拓展等国有资产保值增值的情况。

三是完善薪酬晋升机制。按照事业单位企业化运作的模式，将集团班子成员的收入与全年绩效挂钩，平均薪酬高出全县科级领导干部平均薪资；强化传媒班子结构专业化，将优秀管理中层和采编人员纳入全县副科级后备干部库，先后将集团内部十多名专业人才提拔到领导岗位。六年间，传媒集团五次获得县综合考核第一名，在2014年起实施的目标责任制绩效考核也连续三年得到了一等奖。

（三）抓好要素保障

一是加强人才保障。传媒集团引进人才享受县内企业人才购房积分奖励政策和高层次人才租房补贴；落实高端人才“一人一议”政策，将传媒高层次人才纳入《长兴县名师名家培养行动目录》；全力支持集团班子的改革创新，鼓励创新、允许试错，通过全县中层干部竞岗，实现机关干部与传媒骨干双向交流。近五年来，传媒集团先后有16人到机关交流，人才管理逐步科学化、系统化和规范化。

二是支持硬件建设。2007年，县政府通过“BOT”（“建设—经营—转让”）模式，总投资2亿多元，划拨龙山新区地块兴建传媒集团大楼，开放式演播室、600平方米综艺演播室、非编系统、硬盘播出系统等硬件设施在当时全国县级媒体中屈指可数。近三年来，还对电视转播车、电台直播车、高清摄像编辑设备及“中央厨房”改造项目等多次给予了补助。

三是进行战略注资。支持传媒集团与中国空间技术研究院共同实施CIG（信息资源共享服务）平台研发项目，政府补贴1100万元。支持县国资委和传媒集团共同出资成立长兴慧源有限公司，承接政府社会投资类信息化项目，打造具有复制推广价值的运营模式和产品体系，建设运维云数据中心，形成全县“智慧枢纽”。

（四）实施政策倾斜

一是强化项目支持。协调落实会展中心、兴国商务楼等场所为集团产业运营的基地；结合智慧城市管理系统建设，支持传媒集团主动承接全县智慧型城市的公安视频监控系统建设、重点部门云数据库建设。全面推进以“长兴发布”公众号为核心的政务新媒体体系建设，支持传媒集团统一运维管理。

二是落实协作保障。鼓励乡镇与集团就农事节庆等活动开展“一条龙”策划包装、搭台演出、广告宣传合作；鼓励部门与集团共同策划《红绿灯前见文明》《平安大使进社区》《娘舅来了》等专题节目，合作推出购博会、车博会、家博会等各类展会活动。

三是鼓励战略合作。与中国空间技术研究院、银江股份等国内一流的智慧项目公司深度合作，全力打造了打破县域信息孤岛的CIG信息系统，率先在全省建成亩产效益大数据中心。同时，充分利用移动终端、新型传播平台积极推动智慧城市建设，重点打造CIG信息资源汇聚平台、政务民生App，推动具有长兴特色的智慧城市建设。

坚持党媒体制，确保方向不变

县域媒体融合没有样板，我们只能摸着石头过河，走一步看一步。在摸索实践中，我们始终坚持“媒体是党和人民的耳目喉舌”这一功能定位，保持“开弓没有回头箭”的定力，明确传媒集团事业单位企业化运作的体制机制。在七年的融合实践中，长兴传媒已由平台的简单相加向系统的深度相融转变，实现了从“物理反应”到“化学反应”的蝶变。这其中，我们认为主要是准确把握了四个“变”与“不变”。

（一）传播媒介有变，党媒属性不变

当前，信息传播媒介拥有电视、广播、报纸、网站、App客户端、微信公众号等多种载体，传播形态也丰富多元。但不管传播载体形态如何演变、多元，媒体融合也要坚持党媒性质不会改变也不能改变。因此，我们在构建媒体融合发展格局的过程中，始终坚持党媒属性不动摇，保证媒体融合沿着正确的政治方向前进和发展。

（二）体制机制有变，人才导向不变

在事业单位企业化运作的原则指导下，我们不断推进体制机制的改革创新，实行党委会、董事会双重领导，建立起事业法人治理结构。内部设立编辑委员会和经营管理委员会，逐步形成宣传、经营两大体系统一运行和互助发展的总体管理架构。同时进一步探索全媒体运作的全新机制，并通过深入推进人事分配制度改革等举措，建立起符合传媒业发展要求的现代企业管理制度。理念在转变，机制在优化，但是“人才为本、人才优先”的发展理念从未改变。集团以培养打造“一专多能一尖”的全媒体采访队伍为目标，通过内部锻炼、跨岗交流、外部引进、师徒结对等多项措施，全方位提升人才队伍的素养。

（三）创收模式有变，价值取向不变

随着传播方式和媒体形态的不断演变，集团运营模式和发展路径不断创新，推动产业发展方式的转型升级，为媒体融合的推进提供了坚实的基础。但在价值导向、新闻取向上，始终坚持正确的政治方向、舆论导向、价值取向，紧密结合长兴实际，全力做大做强正面宣传，传播主流声音、弘扬社会正气，凝聚积极、健康、向上的正能量。

（四）传媒技术有变，“内容为王”不变

内容与技术，是神与形的关系。在媒体趋于深度融合的当下，新技术是媒体融合的助推器，也为打造优质内容带来了更多可能。但技术的发展、设施的改进是媒体发展的“基础设施”，媒体必须回归本质属性，把更多精力投向内容创作，生产更多有思想、有温度、有品质的新闻内容，才能真正提升媒体的传播力、引导力、影响力、公信力。

创新融合机制，不断优化深入

（一）理念的融合

融合之初，由于不同单位、员工的价值观念和工作理念存在较大差异，对媒体融合的非议此消彼长。为此，集团组织开展解放思想大讨论，围绕“如何让传媒融合得更好”展开大讨论，在思想碰撞中不断破除固有观念束缚。同时，以多种形式学习习近平总书记关于宣传思想工作的系列重要讲话，切实以习近平新时代中国特色社会主义思想武装头脑、指导实践，组织开展“万物生长”干部培训计划，不断引进先进人才、先进理念，从而进一步把思想和行动统一到媒体融合工作上来。

（二）机制的融合

首先，完成架构重组。2011年下半年设立全媒体采访部，2014年搭建全媒体新闻集成平台。2017年4月，将新闻中心的“一中心一平台一部室”的架构重组，组建融媒体中心，打通各媒体平台，下设十个部室，促进管理扁平化、功能集成化、产品全媒化的融合发展，从而实现“一次采集、多种产品、多媒体传播”的工作格局。同时，借鉴人民日报“中央厨房”的先进经验，打造县域版的“融媒眼”。

其次，完善激励机制。传媒集团自组建以来，一直实行“双聘+五档薪酬”的机制，打破编制内外人员身份，实现“按岗定薪、同岗同酬、量化考核、多劳多得”的分配模式，走出了事业单位企业化管理的重要一步。2017年，实行“积分制考核体系”，对五级贯通升降制进一步细化完善，深化分配制度改革，充分调动聘用人员的工作积极性，逐步建立注重能力、注重实绩、坚持标准、保证质量、科学量化、全面考核、择优晋升的分配激励机制。

再次，实行管理和业务提升双轨制。在人才选拔提升方面，建立起中层管理人员和业务骨干人员双轨提升机制。对于具备一定管理协调能力的人员，结合双聘机制、中层选拔机制，进行严格筛选，纳入中层岗位，并实施中层年薪制。对于业务能力较强的人员，往业务骨干的方向去培养，并出台配套的特殊人才年金制和首席人员首席待遇制度，使员工获得最大化的提升空间，有效稳定人才队伍。

（三）内容的融合

作为新闻媒体，内容永远是根本，是“硬通货”，是核心竞争力。传媒集团始终坚守“内容为王”，以内容优势赢得发展优势。

一是新闻常态化，每年推出切合县委、县政府中心工作的重大主题报道近40个，小型报道栏目60多个。

二是栏目精品化，开设民生栏目《小彤热线》，发挥好“6111890热线”“市民督导团”两大载体的作用，栏目获评浙江省新闻名牌专栏。比如，创新策划《温暖》栏目，累计播放42期，感动和带动社会各界人士1000余人，参与帮扶低保户、低保边缘户、残疾家庭、大病家庭等困难群众，并在爱心企业的支持下，筹集到200多万元爱心款，成立了“温暖公益基金”，使传媒集团成为一个有温度的媒体。

三是活动品牌化，每年举办各类活动300多场，同人民日报客户端、看看新闻等新媒体平台的合作逐步深化，专题活动逐渐向定制化、全网化、高端化、系列化发展。同时，积极拓展专题制作业务，年均完成近100部作品，实现创收400万元。

四是直播专业化，自2015年开始，每年坚持开展全媒体直播10多场，目前已形成一套相对成熟的运行机制，成为收视增长的最大利器。移动端产品多样化，推出《掌心视频》栏目，目前每月短视频生产量突破50条，阅读量突破5万；推出《微直播》栏目，主打各类突发、服务、新闻类直播，《河长带你去治水》总观看人数超过11万人，端午直播观看人数突破5万人。积极拓展H5制作业务，2015年推出《浙江知性女县长隔空喊话河南任性女教师》短视频，三天内阅读量突破300万。2017年制作的H5作品《秸秆漫游记》荣获浙江省重大主题报道新媒体作品奖，同时制作H5作品《寻水的鱼》，以互动形式推广治水理念，访问量达50万。

五是节目形式创意化，2017年9月以来，相继推出四期大型融媒体舆论监督节目《直击问政》，直面社会热点问题，节目收视率屡创新高，推动解决了大量社会问题。

（四）技术的融合

媒体要融合，技术是支撑。从2017年至今，共投入6000多万元，完成对采编播的高清化改造，完成中央广播电视节目无线数字化覆盖工程——调频频段数字音频广播等项目建设。传媒集团运用4G传输、流媒体传输、移动直播、无人机采集、全景拍摄等技术，实现内容从可读到可视、从静态到动态、从一维到多维的多媒体化展示。同时，积极开发新的传播平台和移动终端，重点打造的“掌心长兴”App已演进到3.0版本。在App的升级换代中，我们也找准了“新闻+服务”的模式，尝试搭建起长兴本地最优质的“政务+民生”服务平台，力争打造长兴本地的“最多跑一次”服务平台。2017年8月，长兴传媒集团成为首家成功入驻全国党媒公共平台的县级媒体。

（五）人才的融合

媒体融合状态下，对全媒体人才要求更高，也更加迫切。传媒集团根据采编队伍的特点，着力培养“一专多能一尖”的全媒体采访队伍。从2017年开始，传媒集团每年投入百万元资金，启动“万物生长”学习提升计划。分批次组织干部员工赴杭州、上海、北京等地上挂学习300余批次，邀请媒体融合领域专家来长兴培训70余次。组建15个职工俱乐部，打造具有“互联网基因”的全新办公环境，自办员工餐厅，为人才营造良好的传媒之家氛围。同时，建立面向全国招聘优秀人才的常态机制，打破身份限制，完善薪酬体系和晋升机制、首席聘任办法等制度，使人才管理更加科学和规范。

（六）产业的融合

立足媒体优势，集团实施项目化运营模式，先后尝试推出“媒体+会展”“媒体+教育”“媒体+产业”等项目，通过做好“媒体+”与乡村振兴战略的结合文章，围绕湖羊节、大闸蟹节、杨梅节等农事节庆的主题，每年举办各类活动300多场，年均实现创收400多万元。2012年，集团开始布局大数据产业，介入县域数据服务配套项目，2015年筹建县级云数据中心，支撑智慧城市建设。同时，通过与科研院所的合作，推出长兴县政府服务大数据中心，挖掘本地化项目，不断积累资源和运营经验。2016年，集团与国资委合资成立长兴慧源有限公司，承接政府社会投资类信息化项目，投身智慧城市建设，着手布局未来智慧城市项目。

媒体融合只有起点而没有终点，长兴的媒体融合一直在路上。

展望未来，长兴传媒集团将深入贯彻落实全国县级融媒体中心建设现场会议的精神，继续探索实践，深化改革创新，更进一步构建立体多样、融合发展的现代化一流区域融媒体传播体系，优化“引导群众、服务群众”的县级融媒体中心阵地，进一步提高站位、提升标准，持续深入推进媒体融合工作，为全国县级融媒体中心建设贡献更多长兴智慧和长兴力量。

（作者王晓伟，浙江长兴传媒集团总编辑）

专家点评

长兴模式：顶层设计+内部管理

2018年以来，随着全国各地建设县级融媒体步伐的加快，长兴传媒集团成为不少实务界学习借鉴的一个模板，长兴模式也成为学界关注和研究的对象。那么，长兴模式是可复制的吗？如果要学习借鉴，应该学习借鉴它的哪些做法？综观长兴传媒集团八年来的发展历程，笔者认为以下两点是重中之重。

一方面，良好的“顶层设计”。这主要指的是2011年4月长兴县委、县政府把报纸、广电、数字电视以及新媒体四个新闻单位组建在一起，形成了统一的长兴传媒集团。近年来，全国不少地方组建了类似的传媒集团，但是大多在地市级以及省级层面。根据笔者多年观察，地市级以及省级新闻单位组建“跨媒体”集团要格外小心，因为这两个层级的媒体本来规模就很大，组建在一起往往有几千人甚至上万人的规模，这样的集团头绪繁多，要想融合在一起难度不小。但是，长兴传媒集团不同，它是一个县级集团，只有几百人的规模，物理性地聚集在一起以后，通过强有力的管理比较容易融合在一起。目前，正在如火如荼建设的各个地方县级融媒体中心必然也需要“跨媒体”组建。

另一方面，健全的“内部管理”。顶层设计是一个传媒集团发展良好的外部环境，仅有外部环境不够，还需要把内部管理健全起来，把员工的积极性和主动性调动起来，这一点说起来容易但做起来难，对事业性质属性突出的新闻单位来说更是如此。但是，我们看到长兴传媒集团在这方面做出了很好的尝试，比如严格的内部考核，对于年度排名最后三位的员工，无论在编的还是非在编的都要被降级降薪，建立了完整的薪酬竞争体系。有了这样的内部管理制度，就保证了高效的执行力，杜绝了很多新闻单位里“议而不决”“决而不行”的痼疾。

（作者窦锋昌，复旦大学新闻学院教授、高级记者）

09 华尔街见闻

“华尔街见闻”（简称“见闻”）是创立于2013年、总部设在上海的一家财经新媒体、互联网金融服务公司。在短短五年时间内，先后获得中国平安、海通证券旗下投资基金及黎瑞刚掌舵的华人文化产业投资基金的融资，快速进入中国顶尖财经媒体的行列：“见闻”App在苹果、华为等多个应用市场的金融资讯类榜单中长期排名前三；人民网2014年评选的“十大最具影响力财经微信公众号”中，“见闻”位列第一；知名新媒体数据公司“新榜”统计显示，2017年“见闻”微信公众号全年累计阅读数4326万、点赞数19万，成为“传播力超过99.66%的公众号”。

主题演讲

用户需求与金融资讯创新：华尔街见闻

大家好，我是华尔街见闻副总编辑潘凌飞，今天我主要和大家分享一下，华尔街见闻作为一个财经媒体，从2011年初创办到现在的发展历程和关键节点。

希望我的分享能带给大家跟之前不一样的内容。为什么这么说？我看了之前的媒体同人，他们跟我们的差别在于他们有一个好的“金主爸爸”，不差钱，但我们到现在都还面临着生存压力，要靠快速增长从而在投资人那里融到资金。所以我们很羡慕前面几位媒体同人，你们可能没有这么大的压力，而我们可能随时就会倒闭。可能三个月过后大家就看不到我们华尔街见闻了，这是有可能的。但今天我们有幸站在这里，说明各位学界的老师对我们是认可的，那我在这里就和大家分享一些我们的新实践。

我今天讲的题目是“用户需求与金融资讯创新”，为什么要讲这个题目？因为我们华尔街见闻从最开始就是一个互联网公司，过去七年来我们能保持增长，最核心原因在于我们能抓住用户的需求。对很多媒体来讲，用户需求只是听得很多，实际上是很陌生的。只有当你真正面对生存压力的时候，才会去摸索用户的心思在哪里、用户真实的需求在哪里。然后，你靠着这种洞察去生产满足用户需求的产品和内容，这样才可以吸引他们的关注，从他们身上赚到钱。因此，用户需求是我们赖以生存的核心抓手。

发现市场机会，华尔街见闻从无到有

我今天的分享主要有五个方面，第一是跟大家介绍一下我们华尔街见闻，第二是讲一下我们的内容如何创新，第三是我们如何利用新媒体平台，第四是跟大家介绍下我们的产品，第五是跟大家分享一下我们最新的探索和未来发展的方向。

首先是华尔街见闻的创办。华尔街见闻是一个垂直类的财经新媒体平台，我们主要的生产内容是全球财经资讯，主要聚焦于股票、债券、商品、外汇等投资者感兴趣的方面。我们对资讯筛选的标准是，投资者关心的我们就写，投资者关心的我们就做，我们最终的产品不局限于文字内容，还有一些其他产品。

华尔街见闻是由吴晓鹏先生创办的，他最早是21世纪经济报道驻美国的首席记者。他在美国正好碰到了2008年金融危机，当时他和国内交流的时候就发现一个很大的问题：国内的财经媒体并不关注美国市场在关注什么，也不关注全球金融市场在关注什么。《21世纪经济报道》是国内最好的财经媒体，但即便是这样，它的头版也没有与此太相关的内容，很多金融危机的重磅新闻只在海外市场版。这就让他非常困惑，全球投资者这么关心的一个话题，国内的媒体并不关心，那么国内的投资者怎么办？只能通过海外网站去了解这方面的资讯。还有个例子，高盛有时会写一些A股的评论，海外市场很快就知道了。反而是中国国内投资圈过了好几天才慢慢知道。

那么，能不能有一个专门针对国内投资者的垂直财经平台呢？华尔街见闻由此应运而生。

解决用户痛点，进行内容创新

华尔街见闻要做怎样的内容才能吸引投资者呢？这就要从投资者需求出发。

作为一个国内的投资者，他对资讯有哪些痛点呢？答案是高度分散、不及时、不专业。

先说不及时。海外专业财经媒体真的是围绕资本市场7×24小时实时追踪。而国内不同，很多消息要等到第二天见报了才能让国内的读者看到。大家知道，对于金融市场来说，时间就是金钱，消息出来之后金融市场会快速反应，可能以秒或毫秒为单位。等中国投资者第二天得到消息，市场早就把消息消化了。所以，国内的投资人当时在金融资讯上是非常匮乏的，想获得及时的消息就只能去关注海外的财经媒体，而这往往又受到政策和语言障碍的限制。

同时，当时的国内财经资讯是高度分散、不对称的。国外知道的，我不知道；国外早知道的，我晚知道。国内当时的财经媒体如新浪财经、财新等并不是聚焦于投资者的需求。而且像财经门户，到现在都还是满屏的文字，你不知道哪个是重要的。

此外，专业性上也是缺失的。当时财经资讯议程设置是比较混乱的，并不是专门为投资者生产。也就是说，财经资讯并不是按照对市场的重要程度进行安排，尤其是在海外市场这块。

这些痛点决定了我们要提供什么样的内容？是精选、快速、专业的内容。

如何做到精选呢？我们创站至今都坚持一个理念，叫“Read less，know more”，就是一定要提供给大家最精选的，移动互联网发展起来之后大家会发现你的资讯是过载的，你不是缺资讯，而是资讯太多了。这样就产生了一个需求，就是当你为特定的用户筛选出他们需要的内容的时候，你就创造了价值，因为你帮他们节省了时间，这是我们基本的理念。我们每天会监控几十个信源，大概有上万条资讯，最后我们生产出来的是300条快讯和50篇文章。你只需要看这些，就能了解全球市场动态。

如何做到快速？除了文章要写得快之外，写作流程也不同于传统媒体。比如，中国国内生产总值创十年新低，这个事情我们当时一分钟之内文章就发出来了。当然，你第一时间发出来的文章是很短的，可能只有一句话，但你随后不断更新，把它形成一篇完整的文章，这是我们操作突发行文的一个方法。

特别要跟大家分享的是，我们推出了一个叫“实时快讯”的产品，这个产品在国内当时是没有的。但这对市场投资者非常重要，资本市场瞬息万变，这种一两句话的短消息对他们来说就够了，他们可以根据这一两句话的消息去交流、去交易。你的一句话可能会为他们带来几十万元甚至几百万元的资产收益或者亏损。当你速度快了，他及时根据你的消息就赚钱了，如果你慢了哪怕一秒钟，他可能就因此亏钱了。

所以快讯产品是我们有别于文章类型的一个创新，快讯目前已经成为中国财经媒体的标配。包括后来新浪、网易、一财等都推出了财经快讯的产品，但第一家推出的是我们。所以我们经常说，华尔街见闻把整个中国金融资讯推入了全球化、实时化的时代，这个事情是我们带头做的。现在国内很多媒体在一些重大新闻上的速度甚至已经比海外媒体还快很多。

接下来，讲一下如何做到专业化。专业化其实说难也难，说简单也简单。前面李教授讲到了一个“倒金字塔”的写作结构，其实我们也一直要求编辑用“倒金字塔”的写作结构。这是我们每一个新编辑必须培训的内容。因为这个结构把最重要的东西放在最前面，次重要的放在后面，这对金融市场的投资者来讲体验就很好。

金融从业者的时间很宝贵，他是靠扫读来看新闻的，他看到自己感兴趣的内容才点开看一下，再有兴趣他才往下看，这是我们金融市场投资者用户的一个阅读习惯。因此你在写文章时也需要有这样一个产品思维，需要在前面就把重要信息告诉他。他最看重的就是市场发生了什么，这个事情意味着什么，为什么会发生，下一步会如何演进，这些会直接对他的财富产生影响。所以我们严格要求我们的文章按照这种结构化去生产。

解决专业化问题的第二个办法就是用专业的人。我们自己的作者主要做基础新闻信息的覆盖，没法做到特别垂直和专业，只能借助一些外部比较专业的人士，主要是通过约稿、专栏的方式跟专业市场人士合作，让他们来为我们生产一些内容。

新媒体“弄潮儿”，谋划平台创新

第三跟大家讲一下新平台。作为一个互联网媒体，在一开始的时候，我们其实得到了微博很大的帮助。我们在最开始没有任何知名度，每发一篇文章就会在微博上发一篇140字的快讯，并留下链接链到网站。这些微博慢慢地被目标用户看到，他们会转发，然后他们的朋友看到了也会转发，这样就形成了一种病毒式的传播。因为当时同类产品在国内是没有的，因此，微博帮助我们在成长初期积累了部分原始用户。

2013年，我们进入微信平台，当时只需要把我们的新闻简单排个版，每天定时发布，很快就积累了不少原始用户。但到了2014年之后，微信涨粉就越来越难，爆发式增长转为平稳增长。到现在在微信平台上，只有爆款、深度的文章，才会有爆发性的增长，最开始那种简单粗放、占地为王的时代已经过去了。我们也经常反思，如果我们更早进入微信平台，就能吃到初期爆发式增长的更多红利，我们的粉丝规模也会比现在大得多。

App也是一样，我们在财经媒体中算是较早做出App的。2010年iPhone4问世，带动了智能手机的蓬勃增长，2013年我们就想推出App，但最后2014年才推出，中间其实也走了弯路。我们最开始是外包的，但做出的效果不理想，达不到我们想要的效果。最后，我们下决心自己搭建技术团队，事实证明这个决定是对的。作为一个互联网公司，我们不可能把技术外包给别人，因为这是核心竞争力之一。我们的App在2014年才上线，不过还是比大多数传统媒体更快一些。在移动互联网时代，只要比别人快一两年，就拥有巨大的优势。

我们跟今日头条也有合作，今日头条的推荐算法会把我们的头部文章推送给海量读者，这些爆款文章的流量比我们的普通文章多几倍甚至几十倍，既传播了我们的品牌，也能带来不少新用户，大大降低了我们获取新用户的成本。

自带互联网基因，开展产品创新

以下讲一下产品。其实我们讲内容的时候也提到，我们并不把自己看成一个纯粹的媒体，我们认为自己是一个互联网公司。互联网公司和媒体最大的区别是媒体生产内容，互联网公司生产产品；互联网公司的产品最大的目标是满足用户的需求，而不是满足自己的情怀。传统媒体和新媒体其实有一个很大的区别，即传统媒体的议程是主编设置的，而新媒体的议程其实是大家摸着用户的心思去设定的，是用户主导的。

所以我们对产品其实是非常重视的，我们产品技术团队在员工总数里占了三分之一，这跟传统媒体也是不一样的。跟大多数互联网公司相同的是，我们的App快速迭代，迭代周期是一个月。从产品的角度来讲，我们不仅生产资讯，还在App上发布各个市场的行情和走势，以及黄金、外汇包括美元、欧元的涨跌，对于投资者的这些需求，我们都会在App上开发出来。日历也是一样的，很多财经数据发布对投资者来说也是很重要的，也会直接影响到他们的财富，所以我们也会安排专人每天维护日历功能。

其中，我们开发了不少课程，是付费业务的一种尝试。我们发现，很多投资者的知识储备并不足以支撑他庞大的财富管理需求，他们亟须提升自我，而我们作为一个专业的财经资讯提供商，可以为他们提供一些优质的专业人士的课程。这也是我们近期的一个探索。目前来看，这是有市场的，我们也依稀看到了一条通路。

个性化、结构化、可视化，大势所趋

最后再跟大家讲一下我们对未来的探索。我们是2011年上线的网站，2013年成立的公司，2014年上线App，一路发展至今，其间不断地在做新尝试。

比如，2017年7月，我们推出了付费产品。我们想做的是满足大家高频的刚需，因为我们发现读者很多时候在看我们内容时，会觉得写得不够深入，他希望对这个新闻有更深入的了解。这个时候普通的新闻由于篇幅和生产机制的限制，不可能满足用户这方面的需求，于是我们推出了一款深度产品“主编精选”。每天可能选取5—10个全球金融市场最重要的消息，然后拿出来作为深度的解读类产品，希望这个产品可以满足深度资讯解读需求的读者。

很多媒体人都希望自己的作品受到读者认可。我们希望做出一款能让我们自己养活自己的产品，让我们凭借其优质内容让顾客愿意付费，为我们的专业性买单，这样的话就可以实现“站着赚钱”，减少对广告商的依赖。其实海外像《金融时报》《华尔街日报》都有百万的订阅量，他们可以完全依靠这个赚钱，但国内并没有这样一个新闻付费的传统，大家可能还没有花钱看新闻的意识，并不是没有钱，而是觉得不应该花这个钱。所以，我们希望能在媒体领域做些尝试，我们的同行财新2017年也做了这样的尝试，而我们希望探索出一条和财新不一样的道路。

未来我们希望能在现有的基础上，更深入地挖掘客户的需求，给他们提供更好的产品。下一步我们可能想做个性化分发，以及将资讯做结构化、可视化，这是我们未来的三个方向。

互联网媒体和传统媒体在用户需求上的最大不同在于，传统媒体不知道自己的用户是谁，但互联网企业可以通过用户在App上的行为了解每个用户真正关注什么，就可以给他做定向化推送，你的效率和用户体验是可以成倍增长的。这也是今日头条可以在腾讯和阿里巴巴的夹缝当中快速崛起的原因，其增长核心就是利用大数据、个性化分发和深度学习等技术，让用户体验成倍提升。当用户在一个App上看到的都是自己感兴趣的内容时，他们就会觉得这是个好产品。

第二，我们希望成为一个基础性的金融资讯平台。这个需要你把数据结构化，即要把各种资讯和市场有机地联系起来，做成一个底层数据库，才会产生价值。例如，如果你能够找到历史上某一类事件，比如智利地震对铜价影响的规律，就可以预测下一次地震时铜价的走势，预测模型越精准，准确性就越高，你的产品对投资者的价值就越大。

第三，可视化是未来人们获取信息的大势所趋，视频、图表的形式在信息传播中的效率要远高于文字。金融资讯的大规模可视化，要基于基础数据库的不断完善，以及AI深度学习的不断发展，这也是我们未来的探索方向。

（演讲者潘凌飞，华尔街见闻副总编辑）

“案例分析

财经新媒体基于传播力的商业模式探索

——以“华尔街见闻”为例

“华尔街见闻”（以下简称“见闻”）是创立于2013年，总部设在上海的一家财经新媒体、互联网金融服务公司。在短短五年的发展历史中，“见闻”先后获得中国平安、海通证券旗下投资基金及黎瑞刚掌舵的华人文化产业投资基金的融资，快速进入中国顶尖财经媒体的行列：“见闻”App在苹果、华为等多个应用市场的金融资讯类榜单中长期排名前三；人民网2014年评选的“十大最具影响力财经微信公众号”中，“见闻”位列第一；知名新媒体数据公司“新榜”统计显示，2017年“见闻”微信公众号全年累计阅读数4326万、点赞数19万，成为“传播力超过99.66%的公众号”。

作为一家已获得亿元级融资、未来亦有上市计划的新媒体创业公司，“见闻”如何建立一个适合自身、具有可持续性的商业模式是它始终绕不开的核心问题。本人围绕“见闻”以传播力为基点在商业模式上所做的创新探索和尝试，对“见闻”的创始团队和核心人物进行了深度访谈和调研，全面剖析其内部生态和发展策略，以期为同类媒体提供启示与借鉴。

“传播力”带来的优质流量

“传播力”是创始人吴晓鹏、顾成琦等“见闻”人在访谈中反复提及的一个高频词。简言之，就是指深耕于重度垂直领域、有着精确用户画像的“见闻”，其资讯和服务产品能够很好地满足目标用户（即关注全球市场的专业投资者）高频刚需的投资参考需求，真正到达和黏住这部分高质量用户，“影响最有影响力的人”。

在“见闻”于2013年创立之前，国内新旧财经媒体已然遍地开花，除了传统的财经类报纸、广播、电视、门户网站，还有主打金融数据服务的万德，做炒股软件的大智慧、同花顺，以财经资讯起家（后于2015年拿到证券牌照）的东方财富网和以新闻专业主义著称的财新等。但“见闻”紧盯存在已久而未被满足的需求——实时、准确、全覆盖、带有通俗解读的全球（特别是海外）市场资讯，弥补了市场空白，迅速脱颖而出。

创始人吴晓鹏本人就出身于传统媒体，曾在21世纪经济报道担任五年驻美记者，做过伯南克、巴菲特等美国财经界“大佬”的高端访谈。但“见闻”与以故事为导向的传统媒体最大的区别在于，一切以用户为中心，始终站在投资者的立场考虑问题，旨在让资讯为投资者带来实实在在的财富。吴晓鹏认为，中国人需要配置的资产已经接近200万亿元，无论是放在国内的股票、基金、保险、信托还是国外的，均对信息有着强烈的需求，“我们的产品、运作机制跟传统媒体不一样。我们的定位更明确、更清晰，就是满足投资者的需求，给投资者创造价值。我自己以前在报社工作时，很多年来都有一个困惑，你做的很多内容，其实不太清楚为什么要做，你也不知道到底谁看了，这个内容对谁有价值，没有收到太多反馈”。用“见闻”编委刘晓翠的话来说，“投资者关心什么，我们就选择报道什么，这是我们选择新闻最核心的标准”。

这种一切以用户为中心、始终站在投资者立场的理念，贯穿于“见闻”内容生产和运营的每一个环节，推动“见闻”在技术上、内容呈现方式上做了大量创新尝试：

（一）7×24小时全球实时快讯监控

当今，几乎所有主流财经网站都有一个标配——时间轴式的7×24小时实时快讯。这种产品形态最早源于“见闻”的发明，换句话说，正是“见闻”把国内财经资讯服务引领到7天24小时全天候、无死角的“实时”时代。这一版块主要针对已经具有一定知识基础的高阶投资者，他们只需要无添加的原始信息，然后自己来做分析和判断。“见闻”首席研究员朱尘，在加入“见闻”之前就是实时快讯版块的忠实拥趸，“做黄金时每天开着实时新闻不停地刷”。

千金难买早知道。“见闻”创办之前，中国的金融信息是有时差的，一个事件从发生到被媒体报道，通常最快也要间隔一两个小时。“见闻”是第一家把这个时差缩短到几秒的机构。财经媒体不管是发一条消息还是分析和解读，都可能影响到几十万亿元、上百万亿元的市场。金融市场是按毫秒来计算的，每一秒都会影响投资者做出决策。美国金融市场百分之六七十已经是机器交易了。人比机器慢很多，人发这个数据要花3秒，机器只要花0.1秒，并且人还容易出错。后来我们“见闻”有一部分标准信息就是由机器来发的。

在构建庞大信源体系的基础上，“见闻”利用人工智能技术，在实时快讯的监控、抓取、清洗、打标签、分类、分发等环节大幅节省了人力，提升了工作效率。五六个全职员工每日三班倒已能完成每天两三百条实时快讯的生产。虽然在这一领域已经遇到诸多模仿者和强劲对手，但“见闻”仍能保证80%的快讯在发送速度上做到第一。譬如，阿里巴巴在美交所IPO（首次公开募股）的开盘价、中国央行在上一轮宽松周期过程中的降息降准，“见闻”都是全球市场第一个发出消息的，比彭博、《华尔街日报》等外媒还快1分钟。

（二）“资讯+解析”式的“华尔街见闻体”

以讲故事为特色的“华尔街日报体”是知名美国大报《华尔街日报》在处理非事件新闻时比较推崇的一种新闻写作形式，被许多财经媒体奉为圭臬。但这种娓娓道来讲故事的方法在“见闻”这里不受待见。“见闻”认为，投资者最稀缺的是时间，对资讯有着非常直接的利益诉求，对故事性、文笔、娱乐花哨并不感兴趣，因此文章的前三段和标题至关重要，要有分析性、前瞻性，尽量向投资者揭示相应的投资机会。告诉读者意义何在，不仅是已发生之事，而且是我们存在的价值。

在对投资者用户的揣摩过程中，“见闻”主站新闻版块逐渐形成一种鲜明利落的“资讯+解析”式的见闻体。例如，2016年6月“见闻”的一篇爆款文章的题目为“英国人为什么执意要退欧？这是一个有关技术、全球化和失业的故事”。

就比如拿我们的文章和新浪的文章对比，你一打开就知道这是“见闻”的文章。我们必须在前三段就非常清晰地交代：发生了什么、意味着什么。我们的载体决定了我们不是一个传统的纸媒，而是一个互联网媒体，是一个App，一个非常碎片化的形式，大家可能看前三段就决定要不要看下去。

而“意味着什么”说到底是专业素养的体现。什么是专业素养？你每天看到3万条消息，但是，其中可能只有两三百条对投资者有价值，而这两三百条中，又只有五六十条是投资者想看的，这些过程中每一步都要有专业的理解和专业的认识。你必须去理解这条消息意味着什么。例如国务院发布一个公告，为中小企业提供贷款，如果之前没有足够的积累，没有足够的专业能力，你是没办法理解这个公告意味着什么的。专业能力体现在“见闻”所有内容中。

（三）一图胜千言的数据图表

在“见闻”看来，海外知名媒体对中国金融机构和投资者的服务仍显不够，一些收费昂贵的金融终端使用起来门槛较高，金融数据的互联网体验还有着极大的提升空间。

“见闻”致力于将最重要、最核心的数据，用简单好用、通俗易懂、媒体化、轻量化的方式呈现给用户。对于市场的走势、经济的表现、数据之间的关联，一张图往往比很多文字表达更加清晰。譬如，“五张图看懂昨夜全球市场”已成为“见闻”的一个特色版块和相对独立的付费产品，“对于很多用户来说，他其实只需要知道市场的走势，市场的走势解释了所有一切”。

金融行业的人，喜欢图形化、可视化。高盛的CEO（首席执行官）做美国的财长时，他的习惯是不喜欢看文字，喜欢看图表，他把这个习惯从金融业带到了政府。这启发我们，每天早晨起来第一件事想知道昨天全球市场发生了什么，五张图一分钟就看清了。

正如顾成琦所指出的，内容是成本最低的获取流量的方式。2015—2017年间，在中国股灾、英国退欧、美国大选等一系列全球热点财经事件的刺激下，“见闻”凭借快速、全面、专业、用户体验强的资讯内容，短时间内斩获了巨额优质流量，并以高达百分之六七十的用户留存率实现了指数级的增长。

基于用户、流量分层的多元商业模式

互联网商业模式的核心是用户价值，用户规模和流量是一切商业模式的基础。

“见闻”的主要投资方——华人文化基金掌舵人、有“中国默多克”之称的黎瑞刚曾将财经资讯领域称作“巨大的金矿”，认为用户在人群中的辨识度也非常高。作为重度垂直领域，财经资讯领域的用户规模固然有限，但其流量无疑比大众化领域和娱乐领域的流量更具商业价值。调研数据显示，“见闻”的用户有三分之一是所在机构的管理者，很多个人的资产规模在千万元以上，具有决策权大、购买力强的特点。“见闻”一个月覆盖两三千万用户，从用户规模上，没办法和新浪或今日头条相比。但我们的用户都是投资者，投资者手里都是有钱的，这就意味着我们两三千万用户背后的资金量可能远大于今日头条四五亿的用户。

在互联网领域，流量几乎是收入的代名词，不同的流量对应不同的商业模式。近年来，“见闻”着意对用户群体进行分层管理，从中分离出专业程度较高的精准核心用户、“只看免费”的普通用户、机构用户等，细化每一条产品线，针对不同的用户，将线上、线下相融合，开拓出知识付费、广告、互联网金融服务、数据服务、技术输出等多元变现渠道。

（一）知识付费

2016年被称作中国知识付费元年，涌现喜马拉雅、知乎、得到等一系列初尝胜果的付费平台。

相比其他行业，金融是一个具有高知识附加值的领域，付费传统悠久，投资者用户对于付费的意愿远远高于一般水平，这在国外早已有《金融时报》《华尔街日报》等成熟的先例。

从创立起就看好付费前景的“见闻”曾以与外部专家合作开设付费专栏、收入分成的模式，在付费之路上小试牛刀，并于2017年4月起先后推出拥有自主知识产权的“见闻主编精选”“见闻研究”“见闻阅读”“A股脱水研报”等近十个付费内容包，成为中国第一家大规模尝试对资讯服务收费的在线财经媒体。截至2018年5月初，笔者依据“见闻”App付费平台公开的销售数量和均价的粗略估计，“见闻”自产付费包的用户已近4万，收入总额超2000万元。

“见闻主编精选”是团队推出的第一个精雕细琢的付费项目。在推出之前，团队内部曾有激烈的争论，争论的核心在于，中国用户还没有单纯为资讯付费的习惯，付费内容与免费内容是否有明显的区分。

团队认为，信息的泛滥、爆炸给用户带来“选择的暴力”，增加他们的阅读和筛选成本。选择是用户信息获取成本里非常大又很容易体验的一部分，简单说就是找不到真正好的、找不到真正必需的。在金融财经领域，这个成本影响太大了。

最终团队达成基本共识：“见闻主编精选”针对的是深度介入的核心用户群（难以避免会放弃部分非忠实用户），旨在给用户做减法（从“泛读”减到“必读”），帮助他们节省时间，让他们通过每天阅读核心的5—10篇文章就能对整个市场有提纲挈领的了解，也契合了“见闻”的口号“Read less，know more”（阅读更少，知道更多）。用吴晓鹏的话就是，“我们的用户不为某一个内容点的稀缺性付费，他是为时间的稀缺性付费，为自己交易信息获取中的机会成本付费”。

“全网深度筛选最有价值的干货”“我们帮你读完所有分析，而你只需五分钟”……为了兑现这一承诺，“见闻”团队抽调出精兵强将，背后付出了极大的努力，每日开选题会、实施头脑风暴法，“投资者想看什么，我们想给对方看什么”是每天都要面对的Q&A（问与答）。用户最终看到的几篇文章、几张图实则浓缩了长久以来“见闻”内容团队的核心竞争力。

付费产品从来不是一锤子买卖，用户也不是普通的路人甲。营造“售前焦虑感”、轻视“售后使用体验”，这不是团队的目标。团队希望做出用户赞赏、一直要用的产品。“见闻”团队亦认识到，要保持较高的用户黏度和复购率，用户社群的运营至少要摆在和内容生产同等重要的位置上。近一年来，“见闻”将经营产品和经营人群并置，在打造闭合、具有黏性的用户社群上多有发力：除了引入用户评分、灵活组建“大V社群”，实时搜集并回应用户反馈之外，还专门建立和维护“见识社群”App，提高用户的认同感与黏度，对社群延伸价值进行深度开掘。

未来，“见闻”计划继续开拓与外部专家合作的第三方付费栏目，深度参与栏目的设计与内容生产。除了文字性内容，《投行生存攻略》等音频是近期推出的全新付费品种。吴晓鹏认为，这一块内容产品供应数量还有比较大的提升空间，潜在商业空间比“见闻”官方（自产）的付费内容更大。

（二）泛广告

长期以来，财经资讯网站较难摆脱单一的广告路径依赖。由于不稳定性和天花板效应，传统广告一直不被看作是一种健康、可持续的商业模式。事实上，从创立至今，作为一家有超强媒体属性的互联网公司，“见闻”最重要的商业模式仍是广告，广告收入在其总收入中仍占据大头。其广告形式主要有开屏广告、标题信息流、条幅广告、文末广告等，广告商以奢侈品、汽车、房地产行业居多。

除了传统广告，“见闻”的一些线下活动门票收入、培训收入和与出版社的合作出版收入、流量导入收入，均可算在“泛广告”的范畴。例如，2018年2月，“见闻”与中信出版集团跨界合作，精心策划了世界最大对冲基金桥水创始人瑞·达利欧（Ray Dalio）的剧院式脱口秀演讲及其所著《原则》一书的翻译、出版，顺利实现了《原则》从畅销书到IP（知识产权）的质变，带来了2000多万的流量、可观的门票和出版收入。

相比传统展示型广告，未来“泛广告”有着更大的想象空间。

（三）互联网金融交易服务

对于未来的发展蓝图，“见闻”并不满足于“打造金融信息领域的Google”。“见闻”联合创始人、总编辑顾成琦曾经进行过这样的表述：“从内容切向二级市场金融交易，做中国最好的金融基础设施。希望用户在我们的平台上完成从信息到交易的整个金融服务，把我们变成他们投资的一部分。”这种“内容+交易”的互联网金融服务模式，除了国际上赫赫有名的彭博之外，在国内政策宽松时也已有个别从媒体转型为券商的先例。

而在当前的政策环境下，财经新媒体直接切入交易的模式仍存在一些争议和未知数。“见闻”投资方华人文化产业投资基金黎瑞刚就曾直言，财经资讯媒体天生就是媒体，不存在交易基因，业务延伸往往局限于会议、论坛、培训等，而“交易是另一个行业的事情”了。

由于牌照的限制，“见闻”短期内尚不能实现给投资者带来“看资讯+做交易”的一站式服务，但已在利用其优质流量优势，与金融机构合作，为后者做宣传与导流（例如，为券商的开户进行导流），增加后者的用户接口。这本质上仍是从媒体属性衍生的信息中介功能。

（四）面向B端（机构）的数据服务和技术输出

与彭博等国外财经媒体收入主要来源于B端（机构）不同，长期以来，在中国这样一个以散户为主导的资本市场，“见闻”服务的客户以C端（个人投资者）为主。但近年来，“见闻”也逐渐发展出不少银行、券商、基金等机构客户，向他们提供内容授权、内容定制、实时快讯基础数据等服务。现在金融机构对内容非常有兴趣，他们希望有好的、高品质的内容，比如，有银行希望把我们的内容引进他们的App里面，提高他们产品的使用率、活跃度。有的还有定制化的要求，希望我们供应给他们产品。这一块未来也是一个增长点。

内容之外，“见闻”依靠自身技术力量研发的一整套内容传达软件系统也被许多金融机构看好。经过多年的摸爬滚打，“见闻”幸运地觅得一位毕业于中国科学技术大学的技术合伙人，带领团队在技术研发上走上正轨。如今“见闻”已从成立初期时的一家纯粹财经媒体蜕变为一个“内容+技术”双驱动的互联网公司，研发人员（包括产品设计开发）的规模与内容人员几近相当，未来还将进一步扩大。由此观之，软件和技术输出也是一个潜在的盈利点。

最新统计显示，中国证券市场投资者数量超过1.35亿，这对“见闻”是巨大的潜在用户规模。随着投资者用户对高品质内容的需求越来越强烈，“见闻”在商业模式探索与创新的道路上仍大有可为。

（作者伍静，复旦大学新闻学院副教授；刘海贵，复旦大学新闻学院教授）

专家点评

注重用户价值，乃“华尔街见闻”立身之本

与一般媒体资讯类产品不同，金融资讯类产品因其所服务行业的特殊性，需要特别注重实用性，特别注重满足用户需求，特别注重给用户带来价值，否则，就会失去立身之本。而且，金融资讯类产品因其服务的用户属于高价值人群，属于新媒体产品的兵家必争之地，因而竞争也异常激烈。“华尔街见闻”作为这一类产品中创办比较早的产品，从2011年初诞生以来，能在众多同类产品的竞争中杀出重围，成为一颗明星，有其独到的创新之处。

总体来说，“华尔街见闻”在金融资讯的创新之处在于其“速度快”（实时滚动）、“信息精”（精挑信源、精简信息）、“视野广”（覆盖全球市场）、“内容深”（主编精选、深度解读），这四点创新构成“华尔街见闻”的产品特色。当然，这一品类产品的竞争目前处于白热化阶段，未来的产品格局和市场竞争态势尚不明朗。如何保持核心竞争力，如何找到用户和平台双赢的盈利模式，如何实现持续发展，仍然是金融资讯类产品面临的十分严峻的挑战。

（作者徐慨，南京大学新闻传播学院教授）

10
正午故事

正午故事属于非虚构写作平台界面新闻的子品牌，创立于2014年9月。其主要内容载体是网站和微信公众号，以及界面新闻的移动客户端。四年的发展以来，正午故事可以浓缩成两句话：以故事凝视时代；一切故事从人开始。在一个技术为王、产品当道的年代，它还在坚持寻找好故事，以此来理解和记录时代，展示世界的丰富细节和创造性。

“主题演讲

一切故事从人开始

——“界面新闻”的代表“正午故事”

各位领导，各位老师、同学，大家下午好！今天非常高兴、非常荣幸能够代表“界面新闻”和“正午故事”来领这个奖，并且跟大家有一些分享和交流。“正午故事”是“界面新闻”的子品牌，创立于2014年9月，当时我们的想法是打造一个原创的非虚构写作平台，但这几个词听起来都比较大，所以在实践中，我们对这句话做了一些更加接地气的解读，希望能够找到不为人知且富含意义的故事，从被大众忽视的角度，用故事来凝视时代。或者用“正午故事”一句更早的口号来说：每天讲述一个能够流传下去的故事。

从内容出发，不负初心

大家可以看到这个时间点，2014年9月，我的印象很清晰，是微信公众号刚刚兴起的时间点。现在是2018年10月，四年的时间，大家可以看到，微信公众号本身的影响力在发生变化，更多新媒体也出现了，比如抖音、快手。在移动互联网时代，形势变化之快，很难对接下来的传播形态有一个确切的预测，而“正午故事”这帮人绝大部分之前是做传统媒体的，我们想说，既然产品形态一直在发生变化，那我们就做自己最擅长的事，那就是内容创作。

所以，我们当时的初衷是将“正午故事”做成一个纯粹的内容文化品牌，利用好当下的传播手段，其实不太考虑营收。听到这点，同行羡慕我们可以奢侈地做一件事。非虚构报道听起来很有情怀，但是大家也知道，情怀会打动人，但只有情怀是走不远的，长久来看还是要看实实在在的内容。

但做内容，并不意味着故步自封。“正午故事”的团队只有十人左右，分为采编和运营两部分，有传统的媒体记者，有作家，也有来自于内容分发平台的，或者像“新世相”这样的文化创意机构，还有文化使馆处这样的传统文化机构……我们立足做内容，所以所有人就得保持一种开放心态，对新的事物、新的苗头保持深入了解的兴趣，从而发掘素材，找到我们想要制作的内容。以此为出发点，才有可能在不断变化的移动互联网时代（其实是一切时代）真正立足，并做出自己的特点。

正午故事的主要内容载体是网站和微信公众号，还有“界面新闻”的移动客户端。我们也有很多合作分发平台，比如头条号、企鹅号、抖音，还有微博、纸质出版物、线下空间以及相应的会员体系，可以说，这是一个综合的传播渠道。出版是与“理想国”合作，把之前在公众号和网站上比较受欢迎、反响比较好的内容结集出版，把之前的文章归纳成一个有趣的主题，或者请记者、编辑做一些手记配合正文，把之前的《视觉》图片专栏以更好的方式印出来……把内容做得更适合在纸质上阅读。

除此之外，这两三年来我们启动了“重新发现中国”的线下活动，分几条线路，由作家和采编人员带队，带着互联网时代的读者们重新发现线下的中国，了解身处世界之外的中国。很多同行说，你们太开心了，一天到晚在外面游玩。其实，我们是带着清晰的目标去到这些地方，寻找有趣的人和故事，使互联网时代扁平化了的世界重新立体化、鲜活化，真正实现“重新发现中国”；另外，之前内容的传播、读者的互动都在线上进行，到了这些地方以后，我们还是想跟用户和读者在线下见面，更有温度、更感性地相处。在互联网圈，这叫把他们变为核心用户。

“正午酒馆”是我们刚刚做了两年的一个线下活动空间，采用会员制，在空间内，我们会举办一些图书沙龙讲座、电影放映活动、小型演出以及主题派对等，其主要目的在于激活资源、推广正午品牌。阿乙曾经和我说，他希望“正午酒馆”能做成一个客厅，聚集同类。它本身其实是很难赢利的，我们只是尝试性地做了一些周边衍生品。

创办“正午故事”四年来，我们认识了很多朋友，接触了很多这个时代的普通人和文化名流。作为朋友和采访对象，与他们的结识和交流对我个人很有启发。比如我们在见金宇澄时，他说：现在的作家要代入时代，虚构人们的所作所为，但他们都不了解现在的人，很多虚构作品因此变得很可笑。在私下聊天时，他说接下来5—10年，可能最受关注的两种题材是短篇小说和非虚构小说，短篇小说符合当代人的快节奏生活，非虚构小说能够让人更深入了解自己所处的时代和社会，这两种题材可能是当代社会赋予我们的历史使命，应该利用起来。再如，正如全球知名的雕塑艺术家向京所说，一切都是短暂有效的，但根本的东西是人和世界的关系，这关系到我们的根本。在做“正午故事”的四年中，我们一直在思考“非虚构的写作可能性”“如何通过报道与世界相处”等命题。而工作中接触到的这些人，他们一方面是我们的报道对象，另一方面深刻地影响着我们的想法和眼光。

吴晓波老师说，互联网吹散了很多东西，但好文字永在。我们都知道吴晓波老师做的新媒体影响力非常大，但在他看来，最根本的东西还是文字，还是内容。

我们之前曾经获得两个奖项，一个是搜狐传媒为我们颁发的年度新媒体奖，里面的一句话很有意思，“新闻说到底是讲故事”；另一个是单向街书店的“2016年度新声奖”。单向街是北京的一家地标性书店，颁奖辞里有句话：“对于真正的创作者而言，自有其哪吒不死的精神。”我自己的感受是，时代一直在变，不同时代下我们进行的方式也一直在变，但不变的是内容本身。

聚焦时代，浓缩人生

至于“正午故事”这四年来的发展，我觉得可以浓缩成两句话，即“以故事凝视时代”“一切故事从人开始”。在一个技术为王、产品当道的年代，“正午故事”还在坚持寻找好故事，以此来理解和记录时代，展示世界的丰富细节和创造性。

我们写过一篇《植物笼罩上海》，得过奖，我觉得这里有意思的是选取一个比较有意思的点，从上海街道有什么样的树、树的品种、树的年龄、植物的历史、它们与上海这座城市的关系等角度，来了解人与植物的关系，从这个角度切入上海，切入我们的日常生活。

还有一篇是写冯远征的留学故事《穿墙而过》，这是“正午故事”第一篇受社会广泛关注和传播的文章。大家都知道，冯远征是比较有名的话剧演员，而要做好演员、名人以及企业家在内的采访，其实是很有难度的，因为他已经被各种各样的媒体狂轰滥炸过无数遍，想要出新出彩不容易。但是“正午故事”在做冯远征的采访时，还是一直努力寻找不同的切入点，就和他泛泛地聊，聊到最后，他说之所以有今天，其实还是由于一个偶然到柏林学习话剧表演的机会，他正好经历了柏林墙的倒塌。这是具有特殊意义的节点，一是当时世界发生了翻天覆地的变化，二是他本人也发生了变化，因而可以将他的个人经历和世界史转变作为一个结合点。以此为切入点，记者又从头开始和冯远征聊。这篇文章出来后，某一天，清华大学汪晖教授突然把这篇文章转发给我，说希望找到这篇文章的作者，对这个处理题材的角度，他也有一些自己的看法。

在传统的新闻报道和非虚构写作中，社会民生或者回访以及记录重要的社会事件和历史事件等，是最重要的写作内容之一。这不应该因为我们是新媒体还是传统媒体而有所改变。定期回到历史事件现场，回访曾经的当事人，以此记录这个时代的发展，都具有很强的时代意义和现实意义，比如汶川地震十周年，总有些人和历史不应当也不能被淡忘。

再比如《乞丐不孤单》，这其实是一个很好玩的事。国外的说法叫体验式报道。我们的记者在北京坐地铁的时候，看到地铁地下通道的乞丐，他们在不停地和你聊天，有些还自己准备了一些卖唱曲目来吸引注意力。同事就继续跟他聊，那个时候正好是网易云音乐歌单成为一个话题的时刻，我们就想看看，乞丐是否有自己的歌单，社会又会对他的歌单有什么反应。我们就跟这个乞丐说，有没有可能来一起制作一些歌单作为表演的一部分，从乞讨的成效来看看歌单效果怎么样。我们用了几天，在不同的地点来试验这些歌单的效果，后来这些歌单还发布到网上去，大家都玩得很开心，虽然讨来的钱可能不如之前多，却是一个很有趣的尝试。从另一个角度来做热点，而其实质是在关注社会不同人群跟技术的关系，以及技术和产品对他们的影响。

《有人送我西兰花》来自于李诞和池子的一档节目。这篇文章想尝试把明星当作一个普通人，倾听他们的内心，还原他们的喜怒哀乐，把他当成普通人来看待。互联网和网红经济很容易把一个人的声名和影响力急剧放大，大到一个生物性的人可能无法面对和承受这样的压力，以至于发生变形。综艺时代的明星和艺人，并不比普通人多出什么武器和盔甲，在这样的场景下，如何再来看待一个有血有肉的人？

《小妹》这篇文章，其实是讲一个广州残疾人的故事，在她所处的环境里经历个人命运的悲剧和变故。她是一个边缘人，是被大多数人忘记的人，更多时候，这样的人对于主流社会来说是非常陌生的。我们把她与李诞、池子等大众明星放在一起来写，在我们看来，他们具有同等的重要性。

《玩物》是一个栏目。很多年前还是在看《读者》的时候，留意到这样一句话：每个人的一生都有值得被记录下来的细节。当代艺术把这个说法演绎到极致：每个人都能当一分钟的主角。抱着这个想法，我们设计了《玩物》这个栏目。我们把名流读者、网络大V一视同仁地放在一起，作为一个写作对象，邀请他们来写生命中觉得最重要的场景和忘不掉的故事。它其实是以人为本，从人出发来进入这个时代中人的情感、体验和创造力。

《时间的工匠》这篇，其实是在《我在故宫修文物》这部纪录片和书出来之前正午就在进行的系列，我们想把它做成一个类似《寻访行家》的独家系列，发现文物纵深的价值。除了这些工匠，还有很多人，他们在今天可能会在快手、抖音里一夜走红，被社会认知，激发了人们的好奇心。虽然工作内容普通，但是他们在平凡的岗位上享受自己的工作，自得其乐，同时，也把工作中的价值在生命的长度单位上发挥到最大。包括另一篇《我是范雨素》，都是这两年来很受读者关注的文章，他们其实也是在以农民工的身份生存的同时，用最普通最简单的方法来记录自己的故事，为自己找寻到存在过的价值证明，这也是另一种记录时代的方法。

《社会女子图鉴》这篇文章是讲述20世纪80年代的上海，几个姐妹她们一起做保姆培训班、女子学校，帮助下岗女工继续她们的生活的故事。这篇文章发出时，我们自己还挺担心的，一方面是因为我们的90后、00后读者，可能对历史不太了解；另一方面是怕这些人会被大家觉得有点傻、有点可笑，毕竟在一个商业社会中，她们的行为是不符合经济学原则的。结果发出后，这篇文章迅速变成热点在网上流传，前期的忧虑是多余的。这也给我们启发，很多看似冷门、非主流的故事，只要它背后具有深远的意义、符合既定价值观，那就是值得发掘的。另外，所谓热点，不只是娱乐八卦、商业大佬的动向，只要是打动人心的故事，也是有可能将其发酵为热点的。

从故事出发、从人出发，本质上，我们是希望通过人的故事，希望能向读者展示“正午故事”独特的看待世界的方式，拓宽读者的精神格局，让读者们不断看到，还有这样的人，还有这种与世界相处的方法，这样的一生也是有价值的。这里面有名人，也有很多普通人，在互联网时代，每个人都可能找到自己的方式来影响和改变世界。

对于正午来说，我们有时候说“用户”这个词，有的时候说“读者”这个词，我们希望这两个词是相通的，就是我们面对的这群人，有可能是路人，也可能是身边的人。我们希望通过互联网，能够把他们更紧密地聚合在一起，所以我们在新媒体上恢复了《正午信箱》和《正午交友》这些特别传统形态的栏目。有很多人不理解，但更多人用行动表示了欢迎和喜爱，而这也正是“正午故事”一以贯之的想法，通过互联网技术，通过好的内容，让人与人的连接方式焕发出新的生命。

（演讲者肖海生，“正午故事”副主编）

案例分析

非虚构写作的人文主义话语建构

——以“界面新闻·正午故事”为例

引言

起源于20世纪五六十年代美国的“非虚构写作”（non-fiction writing），近年正在成为中国学界业界共同关注的新议题。新闻学术界关于“非虚构写作”的界定大致可以分为三种：一种是“文体形态”，一种是“写作姿态”，还有一种是“文学潮流”。

一些媒体搭建起了平台或专栏，着力输出非虚构作品，并逐渐形成了独特的“文化场域”，即特定的机构和市场的策源地。然而，新闻业中的非虚构写作若要建立独特的职业合法性，不仅需要在概念层面异于传统的新闻写作，更需要从理论、方法上着手，重新搭建一种“亚群体”的意识形态。那么，这种意识形态的内核究竟是什么？它是如何在文本的话语层面得以体现的？

聚焦文本话语，我们尝试用“人文主义”（humanism）对其进行概括。“人文主义”的定义需要立足于一定的语境而展开。但这一概念始终蕴含三个维度的意思：①人文主义把焦点集中在人的身，但这并不排除其对神的信仰，也不排除以人为对象的科学研究；②每个人都是有价值的，其他一切价值以及人权的根源都在于对此的尊重；③人文主义始终珍视人的自由思想。

当前，我们所强调的“人文主义”是较为成熟并仍处在不断发展之中的一套实践论体系。其终极层面的旨趣，超脱了个人目标，倡导通过个人价值的实现，实现现实社会的发展。

本文将组成非虚构写作文本的话语元素总结为三类。它们展现了该文体蕴含的人文主义理念。这种分类的依据是经典的社会学分析的三种思考类型：空间视角、历史视角、主体视角。

为了便于研究，我们将以界面新闻“正午故事”（以下简称“正午”）栏目上的文本为样本，基于非虚构写作体现的“人文主义”价值理念，分析新闻业行动者创造性的话语实践（discursive practices）。

正午创立于2014年9月，被定位成原创的非虚构写作平台。栏目希望寻找不为人知且富含意义的故事，从被大众忽视的角度，用故事来凝视时代。正午平台上，既有专业新闻从业者生产的非虚构作品，也有来自其他领域作者的作品。故而文本兼具自由与规制、专业与业余、客观与主观、全面与细分等特点，这为我们研究非虚构写作，提供了典型的文化场域“横截面”。

“生活流”取向：再现、回归人的生活

“生活流”指的是作者跳脱出典型的选材构思以及宏大议题，试图还原平常存在的酸甜苦辣、喜怒哀乐，对生活的旋律和原貌做“庸常化”建构。这一概念取自电视纪实领域，同时也是新写实小说的叙事风格。我们将其援引至非虚构写作领域，一方面因为它的描述对象都强调“真实”，另一方面非虚构写作本身就具有文学基因。

生活流是生活的连续，其最突出特征为“不重情节结构的过分戏剧化，而重叙事方式的完全生活化；不重情节间的因果逻辑关系，而重生活的‘纯态事实’的原生美”。

秉持生活流的行文取向，从本体论的角度而言，非虚构写作记录了生活客观存在的本质；从联系发展的角度而言，众多点滴拼贴在一起，形成了生活源远流长的动态进程；从矛盾特殊性的角度而言，非虚构写作崇尚捕捉灵光乍现的生活插曲，展现各异的人事风物。

非虚构写作是一种写实的艺术，它展现的主体基本上以感受得到的人、事、物为主。用文字复现琐碎、重复的生活片段，尤其需要记者保有体察世态人情、明断善恶是非的人文主义情怀。这些思想、情绪都依附于具体的现象而存在。克拉考尔在论述电影的本性时指出，“生活流”包括

"具体的情境和事件之流，以及它们通过情绪、含义和思想暗示出来的一切东西"。对非虚构写作而言同样如此，情境和物质是思绪情感的载体，无论以什么样的态度记录生活，最终呈现在文本中的都是真实可感的内容。关于生活的事实性叙述，往往起到了接通生活、唤起记忆的效果。

学者Zeller研究了新记者和叙事作者的几种表现技术，这些技术使得文本更具有感染力和生动性：①场景的场景构建；②充分利用对话的特征；③观点；④充分渲染细节；⑤内部独白；⑥复合表征。非虚构写作充分运用了这些技术，写作者并不忌讳新闻专业主义中强调的客观、理性、平衡，在文本里我们可以发现大量观点、评论，乃至情绪性的对话、独白等等。但无一例外，上述写作方式跳出了传统新闻的程式化写作（比如记者无法描摹人物的心理活动，少用形容词或主观性词语等等），都是基于事实的逻辑和生活的感悟，而非凭空的发泄或模糊主题。

比如《家园计划：关于人类的未来？》一文中，充斥了大量的人物内心独白。"难道这就是我爹说的为所欲为？""人在一个凭空建设的房子里，下一步干什么？我想到的第一个问题是吃饭，第二个问题是厕所，一进一出。"

此外，"生活流"作为一种概念本身，蕴含动态、变化、发展的含义。反映到非虚构写作文本中，它体现在记者尝试用文字语言为客观变动时空下的社会或自然做记录，以及复述那些或已经完成的或正在进行的历史。非虚构写作的取材无一例外，都是根植于变化中的生活。当社会和自然处于变动状态时，必然蕴含着无限的可能性，此时各类物象内蕴彰显，各色生命特性毕露。身处其中的多元个体在运动中由点成线、由线到面，并最终发展成百态人生。

非虚构写作尤其敏感于细微的萌动状态，以及生活景象中流露的人文美学。他们选材的切口往往都比较小，并且注重发掘各种要素在交错变化中产生的"草根"故事。正午平台开设的《个人史》栏目，即具有这种隐喻，记录非为静态，而是具有一定连贯的脉络。

"现代性"之辩：关联现代社会的过去与未来

在空间视角上，我们引入包含动态时间概念的"现代性"。因为现代性在人类历史上，首次树立了人之所以为人，所拥有的自由、平等、尊严等权利。同时，它带来了政治的民主化和人性的解放启蒙。

尽管学者们对“现代性”的定义飘忽不定，但都包含时代发展变革之义。马克思基于人的实践的原则，提出对待现代性应该既维护又批判。其中，“现代主义”采取的是修正的态度，“后现代主义”采取解构的态度。

非虚构写作文本所体现的新闻实践理念，兼具现代主义和后现代主义两种表征。作品中对于人类和社会大发展的反映、颂扬或诉求，是在平等、理性、民主等理念的基础上，衍生出的成果。与之相反，也有部分作品表现出了消极、迷茫、浅层的时代症候。这是现代性进程中无可剔除的副产品，比如技术理性、商品社会、消费主义等等。综合而论，前者具有解放和进步的意义，后者具有警示和批判的意义。

当前，中国社会正处于剧烈变动的转型期。在这种语境下，非虚构写作中有两个相互关联的母题：“告别过去”与“走向现代”。

“告别过去”具有挣脱、决裂的意味。其间涉及一些较为敏感的话题时，它们常常以故事作为包装，从而具有“边缘突破”的意味。因为这种表达是具体到个人经历的叙述，从而并不具有宏观层面的指涉性。讲故事的过程中，记者往往会通过语言技巧对重大议题进行暗示、隐笔或幽默化处理。

例如《逃不出的洪水》有一处细节：“在漆黑的夜色里，我爷爷跪着，穿着白色的衣服，有粗绳五花大绑，被暴徒踢进滚滚的洪水。”通过讲述直抵人心的残酷现实，将鞭挞包藏进简单的叙述，深刻揭露了革命激情年代狂热分子的冷血无情。软化的批评言辞并不等于批判精神和人文意识的弱化，反而体现了新闻文体跳出固有的表达方式，从人性的高度探索出的另一种可能。

“走向现代”的母题更着眼于当下。如果说对历史过往的思考是在对比和回忆中得到的呈现，那么针对当前的未来走向则更具有写实性。记者着重记叙现已存在的事物，至于其发展的走向不做过多的揣测，从而坚守了“非虚构”底线。比如《穿墙而过》讲述了冯远征的留学故事。一个偶然的机会，冯远征到柏林学习话剧表演，正好经历了柏林墙的倒塌。于是该文将个人经历和世界史转变作为一个结合点，反映了现代性的变迁。

在“现代性”主导的社会转型期，无论是“告别过去”还是“走向未来”，两者命题的出发点都是人们思想观念维新、价值体系变更的结果，最终归结到物质现实。根据新闻生产社会学的研究，价值（或称“文化”）影响行文，是新闻业不可抗拒的规律。

改革开放后，以报告文学为代表，人文主义在新闻界中逐渐崭露头角。20世纪末以来，“特稿”的出现逐渐取代了冗长沉重的报告文学，这种精英媒体知识分子专擅的写作范式进一步解放了人文主义思想。作为特稿文体的发展，非虚构写作在“技术理性”遍在的历史当口横空出世，成为社会实践的“文本时刻”。具有普适性的现代性观念扎根于写作者心中，同样内化于非虚构写作叙事文本里。

“主体性”商酌：语境脉络中本体的存在状态

新闻业从社群、性别、阶级、地域等各个角度，表现了多元的主体性。非虚构写作中的“主体性”体现在三个方面。其一，从本体论的角度进行现实叙事，写作者将自己视为文化世界的实体，能动地将各种存在形态统归于自身，继而表达存在的价值；其二，从认识论的角度表现主体与客体的分野，主体为认识者，客体是其见闻对象，主体通过认识活动获取关于客体的知识和故事，据此形成文本；其三，着眼于主体与周围环境、外界条件联系，肯定主体的价值，但又认为主体相对于客体才具有意义，强调对话和互动对“主体”的作用。

无论上述维度中的哪一种，其根本出发点均在于：人（self）须经由自我肯定和对能动意识的驾驭与发挥，获得其在思维与实践方面的自由、解放，从而具有“人文主义”的意义。在“主体性”理念的指导下，非虚构写作者们尝试挣脱传统新闻的创作束缚，探索人与社会、自然的关系。

阅览大量非虚构写作文本，我们发现，职业媒体人和民间投稿者在进行非虚构写作时都频繁使用“我”的称谓。传统新闻中，记者往往以第三人称视角出现，以达到抽离叙事的效果，尽量保证稿件的平衡、客观。非虚构写作对“自我”的显露，显然更具有本体论的意味。

这在非虚构写作的稿件来源中也可以窥探一二。比如正午在网页版

Logo标志旁明确指出：我们希望集合最优秀的写作者，提供新鲜、真实、具有时代烙印的故事。来自各行各业各个阶层的非虚构叙事主体并没有对个人身份进行隐藏，而这恰恰是非虚构写作的魅力，也是其异于传统职业新闻的重要体现。叙事者们出身平凡而聚焦身边，讲述亲历而自由抒情。这种“自我”的凸显反倒让非虚构写作更具真实性。

2017年4月，一篇非虚构写作作品《我是范雨素》从正午平台发出，随即在朋友圈刷屏。该自传体文章的作者是一名来自湖北农村后在北京从事家政的女工。她以第一人称的叙述方式，记录了自家三代人的生活经历。从“我”的视角出发的主体性表述，并没有相关信源的交叉验证，但这并不影响本文反映现实的效果。有网友评价“现在的我们就是缺少这种真实的文章”，即是对这种表征方式的认可。

如果非虚构写作止步于描述自我，那么其社会意义将大打折扣。优秀的非虚构写作始于“主体”而超越“个体”。《我古怪的流浪汉朋友》是描写的记者身边一个“流浪汉”。他不想创造劳动价值，无偿占用他人的劳动成果，反而喜欢标榜自己能力强。单纯写这样一个人，意义何在？记者的用意没有止步于此，全文的情节选裁和用语都体现出讽刺的意味。比如“要不是他家里一路帮衬着，他估计也念不到大学毕业”、他的理想是“拯救世界”等等。

这篇非虚构作品所建构的独特生活方式，放置在当前享乐主义、物欲主义横流的社会情境下尤为辛辣。有读者评价道：“这样的不是一个两个的，找个借口而已，混吃等死型”；“他不是乞丐，他是享受主义下的流浪汉”。这就是作品超越了个体的意义，针砭了时弊，得到了反对这种消极生存方式和处世哲学的人的共鸣。当然，也有一部分读者的看法与之相反，他们认为，“一个人有一个人的生活方式”，“流浪汉其实很聪明，可以洞悉人性，在一定的规则下遵守规则、发散思维”。但这又由何尝不是主体能动的反映：人不再为了争取“主体性”而对抗物质环境，反而做出了妥协让步，培养出适应环境的生存技巧。

结语

中外的新闻学教育普遍强调人文主义观念的培养。然而在新闻实践中，过去的职业意识形态往往以宣传主义、专业主义为分野，对人文主义的强调更多地内化于前两者之中。研读非虚构写作作品，我们可以明显感到该体裁对人文主义价值的追寻。诚如正午副主编肖海生所言：“从故事出发、从人出发，本质上，我们是希望通过人的故事，希望能为读者介绍独特的看待世界的眼光，拓宽他们的精神格局。”

本文以非虚构写作平台界面新闻的“正午故事”栏目为切入点，探查非虚构写作在当下语境中，如何建构了人文主义的话语。沿袭赖特·米尔斯的社会学视角，本文将非虚构写作文本在社会指向、历史指向和人的指向三个方面，分别对应写作空间的“生活流”、时代演进的现代性、人类能动的主体性。

其中，在“生活流”框架下，非虚构写作抛却宏大叙事，再现、回归人的生活本身；在“现代性”框架下，非虚构写作在对过往的告别与现代的体察中，彰显人文社会的一体两面；在“主体性”框架下，非虚构写作并不讳言“个体叙事”，同时注重将本体的存在状态置于语境脉络中呈现。这三个方面运用了不同表现方式，但并非截然分割，在共融交织中，三者呈现了人文主义的理念意涵，体现了非虚构写作对人文主义话语的多层次建构维度。

（作者李鹏程，中山大学传播与设计学院硕士、南方日报记者）

专家点评

以故事为内核，重新定义媒体“边界”

人类的足迹因故事而清晰，人类的文明因故事而传承。作为人类文明的书写者、见证者，新闻的“在世存有”同样因应如是逻辑。新闻的背后是人，而人的背后是一连串故事的组接、接续，或者与此线索相暗合，新锐媒体“界面新闻”之“正午故事”团队带着传统媒体的新闻基因，多方寻找当今时代不为人知且富有意义的故事，或以新视角透视出故事隐没的意义，以此凝视当今时代。他们不仅通过网站、移动客户端将当今时代的故事向公众传播，还通过微博、微信公众号、抖音、头条号、企鹅号以及纸质出版物等传播渠道增强传播力，扩大影响力。他们不仅是时代的观察者、书写者，还致力于媒体社会价值的再造。他们试图打破“新闻生产”与“媒体”的固有联系和想象空间，在实践中重新定义“媒体”边界，通过“正午酒馆”“正午信箱”以及“正午交友”将志趣相投者连接在一起，在这一空间内借助图书沙龙讲座、电影放映、小型演出、主题派对等，重新诠释当今时代“媒体”的公共价值与社会意义。

（作者陈刚，武汉大学新闻与传播学院教授）